# 머리말

三人行, 必有我师。
세 사람이 길을 가면, 그 가운데 반드시 나의 스승이 있다. -『논어』

입이 트이는 중국어 1~3권에서 중국어의 발음과 기본 문형을 익혔다면, 4권부터는 일상생활에서 유용하게 활용할 수 있는 다양한 회화를 상황별로 정리했습니다. 중국어를 반복 연습하기 전에 대화의 전체적인 상황을 숙지하는 것도 중국어를 익히는 데 아주 큰 도움이 됩니다. 각 과에 나오는 상황을 꼭 숙지하시기 바랍니다. 그리고 4~6권을 학습하기 이전에 가장 효율적인 중국어 학습법을 소개하고자 합니다.

얼마 전 초등학생 중국어 캠프에서 아이들과 함께 중국어를 공부했는데요, 아이들과 함께 1박 2일을 지내면서 제가 얻은 것이 두 가지 있습니다. 그중 한 가지는 초등학교 1학년 학생들에게는 놀면서 공부하는 것이 가장 효율적인 중국어 학습법이라는 것입니다. 마치 입이 트이는 중국어가 추구하는 바와 같이 '외우지 말고 즐겁게 배우자'라는 것이죠. 나머지 한 가지는 캠프에서 만난 어린 꼬마 아이의 이야기인데요, 아직도 그 여운이 쉽게 가시지 않고 있습니다.
　놀랍게도 그 아이는 첫날 배운 중국어를 이튿날 전부 기억하고 있었습니다.
　"우리 친구는 어제 배운 것을 어떻게 벌써 다 외웠어요?"
　"밥 먹기 전에 한 번 읽고요, 밥 먹고 나서 한 번 더 읽었어요. 화장실 가기 전에 한 번 읽고요, 화장실 다녀와서 한 번 읽고요. TV 보기 전에 한 번 읽고, 잠자기 전에 한 번 읽고…"

　천천히, 또박또박 말하는 작은 꼬마 아이의 말이 무엇인지 금방 알았지만, 저는 끝까지 경청했습니다. 그 아이의 대답은 중국어 학습은 물론, 중국어를 어떻게 교육해야 하는지 그 방법을 제시해 주었기 때문입니다.
　부족한 점이 많은 교재이지만, 이 책이 여러분들의 중국어 학습에 조금이라도 도움이 되길 바랍니다. 그리고 다시 한 번 이 책이 나오기까지 많은 도움을 주신 분들께 감사를 표합니다.

홍상욱 올림

# 목차

**DAY 1** 어떤 과목이 어려워요? ················ 07

**DAY 2** 매일 야근이에요? ························ 17

**DAY 3** 어제 저녁 모임 어땠어요? ············ 27

**DAY 4** 이번 주 토요일에 시간 있어요? ····· 37

**DAY 5** 몸이 불편해서 출근하지 않았어요 ···· 47

**DAY 6** 엔진오일을 갈아요 ························ 57

**DAY 7** 여기 어떤 요리가 맛있어요? ········ 77

**DAY 8** 선생님 덕분에 졸업하게 되었어요 ···· 77

**DAY 9** 코트를 한 벌 사고 싶어요 ············ 87

**DAY 10** 환전하고 싶은데요 ······················ 97

DAY 11 내년에는 하와이로 가요 ……………… 107

DAY 12 새콤달콤해요 ……………………………… 117

DAY 13 언제부터 출근하세요? ………………… 127

DAY 14 오늘 날씨가 괜찮네요 …………………… 137

DAY 15 핸드폰을 좀 빌려 쓸 수 있을까요? …… 147

DAY 16 셋방을 얻으려고 하는데요 ……………… 157

DAY 17 집 안이 왜 이렇게 어수선해요? ………… 167

DAY 18 무슨 바람이 불어서 오셨나요? ………… 177

DAY 19 매표소는 어디에 있나요? ………………… 187

DAY 20 개과천선했죠 ……………………………… 197

# DAY 01

## 어떤 과목이 어려워요?

학습과 관련된 다양한 표현을 배웁니다

# 没有上学期忙
### 지난 학기만큼 바쁘지는 않아요

**1단계: 해석**

이번 학기에 바빠요?

지난 학기만큼 바쁘지는 않아요.

몇 과목을 선택했어요?

네 과목을 선택했어요.

어떤 과목들을 선택했어요?

회화, 작문, 문법과 독해를 선택했어요.

**2단계: 병음**

Zhège xuéqī máng ma?

Méiyǒu shàng xuéqī máng.

Nǐ xuǎnle jǐ mén kè?

Xuǎnle sì mén kè.

Xuǎnle nǎxiē kè ne?

Wǒ xuǎnle kǒuyǔ、xiězuò、yǔfǎ hé yuèdú.

MP3를 들으며 3번 반복하세요. 🎧 5-1-1.mp3

1회 ○  2회 ○  3회 ○

## 3단계: 한자

这个学期忙吗?

没有上学期忙。

你选了几门课?

选了四门课。

选了哪些课呢?

我选了口语、写作、语法和阅读。

## 단어

**学期** xuéqī
학기

**选** xuǎn
선택하다, 고르다

**门** mén
과목, 가지
과목·기술 등에 쓰이는 양사

**口语** kǒuyǔ
회화

**写作** xiězuò
작문

**阅读** yuèdú
독해

# 哪门课比较难?
### 어떤 과목이 비교적 어려워요?

| 1단계: 해석 | 2단계: 병음 |
|---|---|
| 어떤 과목이 비교적 어려워요? | Nǎ mén kè bǐjiào nán? |
| 작문과 문법이 비교적 어려워요. | Xiězuò hé yǔfǎ bǐjiào nán. |
| 그럼 어느 과목이 재미있어요? | Nà nǎ mén kè yǒu yìsi ne? |
| 회화와 독해가 재미있어요. | Kǒuyǔ hé yuèdú hěn yǒu yìsi. |
| 매일 수업이 있어요? | Měitiān yǒu kè ma? |
| 금요일엔 수업이 없어요. | Xīngqīwǔ méiyǒu kè. |

### 3단계: 한자

哪门课比较难？

写作和语法比较难。

那哪门课有意思呢？

口语和阅读很有意思。

每天有课吗？

星期五没有课。

### 단어

**比较** bǐjiào
비교적

**难** nán
어렵다

**语法** yǔfǎ
문법

**有意思** yǒu yìsi
재미있다

**每天** měitiān
매일

**课** kè
수업

# 每天学习多长时间?
### 매일 얼마나 공부하나요?

| 1단계: 해석 | 2단계: 병음 |
|---|---|
| 매일 수업 내용을 복습하시나요? | Nǐ měitiān fùxí gōngkè ma? |
| 당연하죠, 매일 복습합니다. | Dāngrán, měitiān fùxí gōngkè. |
| 매일 얼마나 공부하나요? | Nǐ měitiān xuéxí duō cháng shíjiān? |
| 저는 매일 네 시간을 공부합니다. | Wǒ měitiān xuéxí sì ge xiǎoshí. |
| 어쩐지 중국어를 굉장히 잘하시더라고요. | Nánguài nǐ shuō Hànyǔ shuō de zhème hǎo. |
| 별말씀을요, 아직 멀었어요. | Nǎlǐ nǎlǐ, wǒ hái chà de yuǎn ne. |

MP3를 들으며 3번 반복하세요. 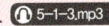 5-1-3.mp3

1회 ◯ 2회 ◯ 3회 ◯

## 3단계: 한자

你每天复习功课吗?

当然, 每天复习功课。

你每天学习多长时间?

我每天学习四个小时。

难怪你说汉语说得这么好。

哪里哪里, 我还差得远呢。

## 단어

**复习** fùxí
복습하다

**功课** gōngkè
학과목, 수업, 강의

**多长时间**
duō cháng shíjiān
얼마 동안

**难怪** nánguài
어쩐지

**哪里** nǎlǐ
별말씀을요, 뭘요, 천만에요

**差得远** chà de yuǎn
많이 부족하다, 아직 멀었다

# 黑板上写着什么?
칠판에 뭐라고 쓰여 있어요?

**1단계: 해석**

칠판에 뭐라고 쓰여 있어요?

저도 잘 모르겠어요.

중국어 배우지 않았어요?
어떻게 모를 수가 있죠?

저는 듣고 말하기만 할 줄 알지,
보고 쓰는 건 할 줄 몰라요.

어떻게 그럴 수가 있어요?

선생님이 우선 듣기와 말하기를
마스터하라고 하셨어요.

**2단계: 병음**

Hēibǎnshang xiězhe shénme?

Wǒ yě kàn bú tài dǒng.

Nǐ bú shì xuéguo Hànyǔ ma?
Zěnme bù dǒng?

Wǒ zhǐ huì tīng hé shuō,
bú huì kàn, bú huì xiě.

Zěnme huì zhèyàng?

Wǒ de lǎoshī shuō xiān zhǎngwò
tīng hé shuō.

## 3단계: 한자

黑板上写着什么?

我也看不太懂。

你不是学过汉语吗?
怎么不懂?

我只会听和说,
不会看, 不会写。

怎么会这样?

我的老师说先掌握听和说。

## 단어

**黑板** hēibǎn
칠판

**懂** dǒng
이해하다

**只** zhǐ
~뿐이다, ~밖에 없다

**会** huì
~할 수 있다

**这样** zhèyàng
이렇다, 이와 같다

**掌握** zhǎngwò
마스터하다, 숙달하다

### 우리말을 보고 중국어로 말해 봅시다.

1. 지난 학기만큼 바쁘지는 않아요.

2. 어떤 과목이 비교적 어려워요?

3. 매일 얼마나 공부하나요?

4. 칠판에 뭐라고 쓰여 있어요?


### 병음과 한자를 보고 우리말로 말해 봅시다.

1. Méiyǒu shàng xuéqī máng. 没有上学期忙。

2. Nǎ mén kè bǐjiào nán? 哪门课比较难?

3. Měitiān xuéxí duō cháng shíjiān? 每天学习多长时间?

4. Hēibǎnshang xiězhe shénme? 黑板上写着什么?

# DAY 02

## 매일 야근이에요?

일과 관련된 다양한 표현을 배웁니다.

# 一般一天工作多长时间?

### 보통 하루에 얼마나 일해요?

---

**1단계: 해석**

왜 그래요,
안색이 별로 좋지 않아요.

---

어젯밤에 또 야근했어요,
겨우 네 시간 잤네요.

---

네 시간밖에 못 자고 괜찮겠어요?

---

어쩔 수 없어요, 일해야 하니까요!

---

보통 하루에 얼마나 일해요?

---

정상적으로는 아침 9시부터
저녁 5시까지 8시간 근무해요.

---

**2단계: 병음**

Nǐ zěnmele, liǎnsè bú tài hǎo.

---

Zuówǎn yòu jiābān,
cái shuìle sì ge xiǎoshí.

---

Shuì sì ge xiǎoshí néng xíng ma?

---

Méi bànfǎ, gōngzuò xūyào ma!

---

Yìbān yìtiān gōngzuò duō cháng shíjiān?

---

Zhèngcháng shì zhāo jiǔ wǎn wǔ,
gōngzuò bā ge xiǎoshí.

MP3를 들으며 3번 반복하세요. 5-2-1.mp3

1회 ○  2회 ○  3회 ○

## 3단계: 한자

你怎么了, 脸色不太好。

昨晚又加班,
才睡了四个小时。

睡四个小时能行吗?

没办法, 工作需要嘛!

一般一天工作多长时间?

正常是朝九晚五,
工作八个小时。

## 단어

**脸色** liǎnsè
안색

**加班** jiābān
초과 근무를 하다

**才** cái
겨우, 고작

**行** xíng
되다, ~해도 좋다

**需要** xūyào
필요하다, 요구되다

**一般** yìbān
보통이다, 일반적이다

# 你天天加班吗?
## 매일 야근이에요?

## 1단계: 해석

매일 야근이에요?

꼭 그렇지는 않고,
일이 많으면 야근해요.

한 달에 얼마 버세요?

제 월급은 8천 위안이에요.

초과근무수당이 포함된 건가요?

포함되지 않았어요. 초과근무수당을
포함하면 대략 만 위안이에요.

## 2단계: 병음

Nǐ tiāntiān jiābān ma?

Bù yídìng,
huór duō jiù yào jiābān.

Yí ge yuè néng zhèng duōshao qián?

Wǒ de yuèxīn shì bāqiān yuán.

Bāokuò jiābānfèi ma?

Bù bāokuò, suànshàng jiābānfèi dehuà, dàgài yíwàn yuán.

MP3를 들으며 3번 반복하세요. 🎧 5-2-2.mp3

1회 ○  2회 ○  3회 ○

## 3단계: 한자

你天天加班吗?

不一定, 活儿多就要加班。

一个月能挣多少钱?

我的月薪是八千元。

包括加班费吗?

不包括, 算上加班费的话, 大概一万元。

## 단어

**天天** tiāntiān
날마다, 매일

**活儿** huór
일, 일거리

**挣** zhèng
노력하여 얻다, 벌다
〈돈이나 재산 등을〉

**月薪** yuèxīn
월급

**包括** bāokuò
포함하다

**算** suàn
계산하다, 계산에 넣다

# 我得去机场接他

공항에 마중을 가야 해요

### 1단계: 해석

나가시려고요?

손님 한 분이 오셔서,
공항에 마중을 가야 해요.

그 손님은 어디서 오나요?

미국에서 옵니다.

그의 호텔은 준비되었나요?

준비되어 있어요, 그는 우리 회사의
숙소에서 머물길 원해요.

### 2단계: 병음

Nǐ yào chūqù ma?

Yǒu yí ge kèrén lái,
wǒ děi qù jīchǎng jiē tā.

Nà wèi kèrén shì cóng nǎr lái de?

Shì cóng Měiguó lái de.

Tā de jiǔdiàn ānpái hǎo le ma?

Ānpái hǎo le, tā xiǎng zhù wǒmen
gōngsī sùshè.

## 3단계: 한자

你要出去吗?

有一个客人来,
我得去机场接他。

那位客人是从哪儿来的?

是从美国来的。

他的酒店安排好了吗?

安排好了,
他想住我们公司宿舍。

## 단어

**客人** kèrén
손님

**机场** jīchǎng
공항

**接** jiē
마중하다

**从** cóng
~부터

**安排** ānpái
안배하다, 준비하다
인원, 시간, 장소 등을

**宿舍** sùshè
숙소, 기숙사

# 一路上辛苦了
## 오시느라 고생하셨습니다

**1단계: 해석**

오시느라 고생하셨습니다.
피곤하시죠?

괜찮습니다.
겨우 두 시간 거리인데요.

제가 짐을 들어 드리겠습니다.

그럴 필요 없어요.
제 짐은 조금도 무겁지 않습니다.

제 차가 앞쪽에 있습니다.
우선 숙소로 모시겠습니다.

고맙습니다!
폐를 끼치는 건 아닌지요?

**2단계: 병음**

Yílùshang xīnkǔ le, lèi bu lèi?

Hái hǎo, zhǐ búguò shì liǎng ge xiǎoshí de lùchéng.

Wǒ bāng nǐ ná xíngli.

Bú yòng,
wǒ de xíngli yìdiǎnr yě bú zhòng.

Wǒ de chē jiù zài qiánmiàn.
Xiān sòng nín dào sùshè.

Xièxie!
Shì bu shì gěi nín tiān máfan le?

## 3단계: 한자

一路上辛苦了，累不累？

还好，
只不过是两个小时的路程。

我帮你拿行李。

不用，
我的行李一点儿也不重。

我的车就在前面。
先送您到宿舍。

谢谢！是不是给您添麻烦了？

## 단어

**辛苦** xīnkǔ
고생스럽다, 수고롭다

**只不过** zhǐ búguò
단지~일 뿐이다

**路程** lùchéng
노정, 소요 거리

**重** zhòng
무겁다

**送** sòng
데려다 주다, 배웅하다

**添麻烦** tiān máfan
번거롭게 하다, 폐를 끼치다

> 주로 상대방의 도움에 대해 감사를 표시할 때 씀

### 우리말을 보고 중국어로 말해 봅시다.

1. 보통 하루에 얼마나 일해요?

2. 매일 야근이에요?

3. 공항에 마중을 가야 해요.

4. 오시느라 고생하셨습니다.

### 병음과 한자를 보고 우리말로 말해 봅시다.

1. Yìbān yìtiān gōngzuò duō cháng shíjiān? 一般一天工作多长时间?

2. Nǐ tiāntiān jiābān ma? 你天天加班吗?

3. Wǒ děi qù jīchǎng jiē tā. 我得去机场接他。

4. Yílùshang xīnkǔ le, lèi bu lèi? 一路上辛苦了, 累不累?

# DAY 03

### 어제 저녁 모임 어땠어요?

학 습 목 표

모임과 관련된 다양한 표현을 배웁니다.

# 昨天晚上的聚餐怎么样啊?
### 어제 저녁 모임 어땠어요?

**1단계: 해석**

어제 저녁 모임 어땠어요?

저희 잘 먹고 정말 신나게 놀았어요.

노래는 부르지 않았어요?

안 부를 수 있나요? 당연히 불렀죠.

중국노래 부를 줄 알아요?

노래를 잘 부르지는 못하지만, 〈첨밀밀〉이라는 중국노래를 부를 줄 알아요.

**2단계: 병음**

Zuótiān wǎnshang de jùcān zěnmeyàng a?

Wǒmen chī de hǎo, wánr de yě hěn gāoxìng.

Nǐmen méi chànggē ma?

Néng bú chàng ma? Dāngrán chàng le a.

Nǐ huì chàng Zhōngguógē ma?

Gē chàng de bù zěnmeyàng, dàn wǒ huì chàng yì shǒu Zhōngguógē《Tiánmìmì》.

## 3단계: 한자

昨天晚上的聚餐怎么样啊？

我们吃得好，
玩儿得也很高兴。

你们没唱歌吗？

能不唱吗？当然唱了啊。

你会唱中国歌吗？

歌唱得不怎么样，但我会唱
一首中国歌《甜蜜蜜》。

## 단어

**聚餐** jùcān
회식하다, 회식

**高兴** gāoxìng
기쁘다

**唱歌** chànggē
노래를 부르다

**当然** dāngrán
당연히, 물론

**会** huì
~를 할 수 있다

**首** shǒu
곡, 수
> 노래, 시(詩) 등을 세는 단위

# 听说你很会唱歌
### 노래를 잘하신다고 들었어요

| 1단계: 해석 | 2단계: 병음 |
|---|---|
| 노래를 잘하신다고 들었어요. | Tīng shuō nǐ hěn huì chànggē. |
| 누가 그래요? | Shéi shuō de a? |
| 모두들 당신이 노래를 아주 잘한다고 하던대요. | Dàjiā dōu shuō nǐ chàng de hěn búcuò. |
| 그냥 그래요. | Yìbānbān ba. |
| 당신에게 노래를 배우고 싶은데, 가르쳐 주실 수 있나요? | Wǒ xiǎng xiàng nǐ xué chànggē, nǐ kěyǐ jiāo wǒ ma? |
| 물론이죠, 제가 가르쳐 드릴게요. | Méi wèntí a, wǒ jiāo nǐ. |

MP3를 들으며 3번 반복하세요.  5-3-2.mp3

1회 ○  2회 ○  3회 ○

## 3단계: 한자

听说你很会唱歌。

谁说的啊?

大家都说你唱得很不错。

一般般吧。

我想向你学唱歌,
你可以教我吗?

没问题啊, 我教你。

## 단어

**听说** tīngshuō
듣자니, 듣건대

**不错** búcuò
좋다, 괜찮다

**一般般** yìbānbān
보통이다, 그저 그렇다

**向** xiàng
~에게, ~을 향하여

**教** jiāo
가르치다

**没问题** méi wèntí
문제 없다, 확신하다

# 明天你要不要一起去?
### 내일 같이 가실래요?

### 1단계: 해석

내일 미술관에 가는데, 같이 가실래요?

중국화 좋아하세요?

뭐라 해야 할까요, 중국화를 알고 싶어서요.

그럼 내일 저와 함께 가셔야죠.

왜요?

제가 중국화를 아주 잘 알거든요, 전문가 수준이에요!

### 2단계: 병음

Míngtiān wǒ qù měishùguǎn,
nǐ yào bu yào yìqǐ qù?

Nǐ xǐhuan Zhōngguóhuà ma?

Zěnme shuō ne,
wǒ xiǎng liǎojiě Zhōngguóhuà.

Nà míngtiān nǐ yīnggāi gēn wǒ yìqǐ qù.

Wèi shénme ya?

Wǒ fēicháng liǎojiě Zhōngguóhuà,
shì zhuānjiājí de ne!

MP3를 들으며 3번 반복하세요. 🎧 5-3-3.mp3

1회 ◯　2회 ◯　3회 ◯

## 3단계: 한자

明天我去美术馆,
你要不要一起去?

你喜欢中国画吗?

怎么说呢, 我想了解中国画。

那明天你应该跟我一起去。

为什么呀?

我非常了解中国画,
是专家级的呢!

## 단어

**美术馆** měishùguǎn
미술관

**怎么** zěnme
어떻게, 어째서

**了解** liǎojiě
자세하게 알다, 이해하다

**应该** yīnggāi
~해야 한다

**为什么** wèi shénme
왜, 어째서

**专家级** zhuānjiājí
전문가 수준, 수준급

# 你又迟到了
### 또 지각하셨네요

---

**1단계: 해석**

정말 죄송해요, 제가 늦었죠.

또 지각하셨네요.

죄송해요,
차가 이렇게 막힐 줄은 몰랐어요.

이 시간에는 전철을 타야 하는데,
뭐 타고 오셨어요?

택시를 탔어요.

아무튼 다음에는 꼭 일찍
출발하세요.

---

**2단계: 병음**

Zhēn bù hǎo yìsi, wǒ lái wǎn le.

Nǐ yòu chídào le.

Duìbuqǐ, méi xiǎngdào chē dǔ de
náme lìhai.

Zhège shíjiān yīnggāi zuò dìtiě a,
nǐ zuò shénme lái de?

Dǎdī.

Fǎnzhèng xiàcì yídìng yào jìde tíqián
chūfā.

## 3단계: 한자

真不好意思，我来晚了。

你又迟到了。

对不起，
没想到车堵得那么厉害。

这个时间应该坐地铁啊，
你坐什么来的？

打的。

反正下次一定要记得提前出发。

## 단어

**迟到** chídào
지각하다

**没想到** méi xiǎngdào
뜻밖에도, 생각지 못 하다

**堵** dǔ
막다, 가로막다

**打的** dǎdī
택시를 타다

**反正** fǎnzhèng
아무튼

**记得** jìde
기억하고 있다

**提前** tíqián
앞당기다 예정된 시간·위치를

### 🔊 우리말을 보고 중국어로 말해 봅시다.

1. 어제 저녁 모임 어땠어요?

2. 노래를 잘하신다고 들었어요.

3. 내일 같이 가실래요?

4. 또 지각하셨네요.

### 🔊 병음과 한자를 보고 우리말로 말해 봅시다.

1. Zuótiān wǎnshang de jùcān zěnmeyàng a? 昨天晚上的聚餐怎么样啊?

2. Tīngshuō nǐ hěn huì chànggē. 听说你很会唱歌。

3. Míngtiān nǐ yào bu yào yìqǐ qù? 明天你要不要一起去?

4. Nǐ yòu chídào le. 你又迟到了。

# DAY 04

# 이번 주 토요일에 시간 있어요?

특별한 날에 사용하는 다양한 표현을 배웁니다.

# 这个星期六你有时间吗?
### 이번 주 토요일에 시간 있어요?

## 1단계: 해석

이번 주 토요일에 시간 있어요?

무슨 일 있어요?

이번 주 토요일이 제 생일이에요.

정말이요?
무슨 계획 있어요?

저희 집에 놀러 오셨으면 좋겠어요.

좋아요, 당신 생일인데 꼭 가야죠.

## 2단계: 병음

Zhège xīngqīliù nǐ yǒu shíjiān ma?

Yǒu shénme shì ma?

Zhège xīngqīliù shì wǒ de shēngrì.

Zhēn de ma?
Yǒu shénme ānpái ma?

Wǒ xiǎng qǐng nǐ dào wǒ jiā zuòkè.

Hǎo a, nǐ shēngrì wǒ yídìng yào qù a.

### 3단계: 한자

这个星期六你有时间吗?

有什么事吗?

这个星期六是我的生日。

真的吗? 有什么安排吗?

我想请你到我家做客。

好啊, 你生日我一定要去啊。

### 단어

**星期** xīngqī
주, 요일

**事** shì
일

**生日** shēngrì
생일

**安排** ānpái
안배하다, 준비하다
인원, 시간, 장소 등을

**做客** zuòkè
손님이 되다

**一定** yídìng
반드시, 꼭

# 送他什么礼物呢?

그에게 어떤 선물을 하면 좋을까요?

**1단계: 해석**

그에게 어떤 선물을 하면 좋을까요?

그가 필요한 게 뭔지 아시나요?

중국어를 막 배우기 시작했으니, 중국어 책을 한 권 사 주죠.

좋은 생각이에요.

좀 이따 책 사러 서점에 가요.

우리 같이 가요.

**2단계: 병음**

Sòng tā shénme lǐwù hǎo ne?

Nǐ zhīdào tā xūyào shénme ma?

Tā gāng kāishǐ xué Hànyǔ, gěi tā mǎi yì běn Hànyǔ shū ba.

Hǎo zhǔyì.

Yíhuìr qù shūdiàn mǎi ba.

Zánmen yìqǐ qù ba.

## 3단계: 한자

我们送他什么礼物好呢?

你知道他需要什么吗?

他刚开始学汉语,
给他买一本汉语书吧。

好主意。

一会儿去书店买吧。

咱们一起去吧。

## 단어

送 sòng
주다

知道 zhīdào
알다

刚 gāng
막, 방금

主意 zhǔyì
생각, 아이디어

一会儿 yíhuìr
곧, 잠시, 잠깐

# 这是我们准备的礼物
### 이건 우리가 준비한 선물이에요

### 1단계: 해석

생일 축하해요!

저희 집에 와 주셔서 감사합니다.

이건 저희가 준비한 선물인데, 좋아하실지 모르겠어요.

이게 뭐예요?

열어 보세요.

고마워요. 이 책은 중국어 공부에 도움이 되겠어요.

### 2단계: 병음

Zhù nǐ shēngrì kuàilè!

Xièxie nǐmen lái wǒ jiā zuòkè.

Zhè shì wǒmen zhǔnbèi de lǐwù, bù zhīdào nǐ xǐ bu xǐhuan?

Zhè shì shénme?

Nǐ kěyǐ dǎkāi kànkan.

Xièxie, zhè běn shū xué Hànyǔ hěn yǒuyòng.

## 3단계: 한자

祝你生日快乐!

谢谢你们来我家做客。

这是我们准备的礼物,不知道你喜不喜欢?

这是什么?

你可以打开看看。

谢谢,这本书学汉语很有用。

## 단어

**祝** zhù
축하하다, 기원하다

**准备** zhǔnbèi
준비하다

**礼物** lǐwù
선물

**打开** dǎkāi
열다

**本** běn
권

**有用** yǒuyòng
유용하다, 쓸모가 있다

# 圣诞快乐!
## 메리 크리스마스!

| 1단계: 해석 | 2단계: 병음 |
|---|---|
| 메리 크리스마스! | Shèngdàn kuàilè! |
| 메리 크리스마스! | Shèngdàn kuàilè! |
| 오늘 시간 있어요? | Jīntiān nǐ yǒu kòng ma? |
| 저녁에 예배 드리러 교회에 가요. 낮에는 시간 있어요. | Wǎnshang qù jiàotáng lǐbài, báitiān yǒu shíjiān. |
| 저랑 같이 봉사 활동 가실래요? | Gēn wǒ yìqǐ qù cānjiā àixīn huódòng ba? |
| 정말 좋아요. | Tài hǎo le. |

## 3단계: 한자

圣诞快乐！

圣诞快乐！

今天你有空吗？

晚上去教堂礼拜，
白天有时间。

跟我一起去参加爱心活动吧？

太好了。

## 단어

**圣诞** shèngdàn
성탄절, 크리스마스

**空** kòng
틈, 짬, 겨를

**教堂** jiàotáng
교회

**礼拜** lǐbài
예배하다

**白天** báitiān
낮

**爱心活动** àixīn huódòng
봉사 활동

## 복습하기

🔊 **우리말을 보고 중국어로 말해 봅시다.**

1. 이번 주 토요일에 시간 있어요?

2. 그에게 어떤 선물을 하면 좋을까요?

3. 이건 우리가 준비한 선물이에요.

4. 메리 크리스마스!

🔊 **병음과 한자를 보고 우리말로 말해 봅시다.**

1. Zhège xīngqīliù nǐ yǒu shíjiān ma? 这个星期六你有时间吗?

2. Sòng tā shénme lǐwù hǎo ne? 送他什么礼物好呢?

3. Zhè shì wǒmen zhǔnbèi de lǐwù. 这是我们准备的礼物。

4. Shèngdàn kuàilè! 圣诞快乐!

# DAY 05

## 몸이 불편해서 출근하지 않았어요

**학 습 목 표**
몸이 아플 때 사용하는 다양한 표현을 배웁니다.

# 我昨天身体不舒服, 没上班
### 어제 몸이 불편해서 출근하지 않았어요

| 1단계: 해석 | 2단계: 병음 |
|---|---|
| 어제 계속 찾았는데 못 찾았어요. | Zuótiān yìzhí zhǎo nǐ dōu méi zhǎodào. |
| 어제 몸이 불편해서 출근하지 않았어요. | Wǒ zuótiān shēntǐ bù shūfu, méi shàngbān. |
| 심해요? 병원은 가셨나요? | Yánzhòng ma? Qù yīyuàn le méiyǒu? |
| 갔어요, 그렇게 심하지는 않아요. | Qù le, méiyǒu nàme yánzhòng. |
| 약은 먹었고요? | Chī yào le ma? |
| 약 먹고 하루 종일 잤더니 많이 좋아졌어요. | Chīle yào, shuìle yìtiān, hǎoduō le. |

## 3단계: 한자

昨天一直找你都没找到。

我昨天身体不舒服，没上班。

严重吗？去医院了没有？

去了，没有那么严重。

吃药了吗？

吃了药，睡了一天，好多了。

## 단어

**一直** yìzhí
계속

**舒服** shūfu
편안하다, 가뿐하다

**严重** yánzhòng
심각하다, 위급하다

**医院** yīyuàn
병원

**那么** nàme
그렇게
상태·방법·정도 등을 나타냄

**药** yào
약

# 你哪儿不舒服吗?
어디 아픈가요?

**1단계: 해석**

오늘 수업을 갈 수 없어요.

어디 아픈가요?

감기 걸린 것 같아요.

병원에는 갔고요?

갔죠, 의사 선생님이 좀 쉬면 좋아질 거래요.

이번 기회에 푹 쉬어요.

**2단계: 병음**

Jīntiān wǒ bù néng qù shàngkè le.

Nǐ nǎr bù shūfu ma?

Hǎoxiàng gǎnmào le.

Qù yīyuàn le méiyǒu?

Qù le,
yīshēng shuō xiūxi xiūxi jiù hǎo le.

Chèn zhè jīhuì nǐ hǎohāor xiūxi yíxià ba.

## 3단계: 한자

今天我不能去上课了。

你哪儿不舒服吗?

好像感冒了。

去医院了没有?

去了,
医生说休息休息就好了。

趁这机会你好好儿休息一下吧。

## 단어

**上课** shàngkè
수업하다, 수업을 듣다

**哪儿** nǎr
어디

**好像** hǎoxiàng
아마도 ~일 것이다,
마치 ~일 것 같다

**感冒** gǎnmào
감기에 걸리다

**趁** chèn
이용하여, ~을 틈타
<시간·기회 등을>

**机会** jīhuì
기회

# 你的脸色不好
### 안색이 좋지 않아요

---

**1단계: 해석**

안색이 좋지 않은데, 어디 불편해요?

이가 너무 아파요.

충치가 생긴 게 아닐까요?

모르겠어요. 지난달에 스케일링 받을 때는 별다른 문제가 없었어요.

얼른 치과에 가 보세요.

또 무시무시한 치과에 가야 하네요.

**2단계: 병음**

Nǐ de liǎnsè bù hǎo, nǎr bù shūfu ma?

Yá téng de lìhai.

Yǒu zhùyá, shì bu shì?

Bù zhīdào. Shàng ge yuè xǐyá de shíhou hái méi shénme wèntí ne.

Kuài qù yákē kànkan ba!

Wǒ yòu děi qù kěpà de yákē le.

### 3단계: 한자

你的脸色不好,
哪儿不舒服吗?

---

牙疼得厉害。

---

有蛀牙, 是不是?

---

不知道。上个月洗牙的时候
还没什么问题呢。

---

快去牙科看看吧!

---

我又得去可怕的牙科了。

### 단어

牙 yá
이

疼 téng
아프다

厉害 lìhai
심각하다, 극심하다

蛀牙 zhùyá
충치

洗牙 xǐyá
스케일링하다

可怕 kěpà
두렵다, 무섭다

# 今天早点儿回去休息休息吧
오늘 좀 일찍 돌아가서 쉬세요

**1단계: 해석**

아프다고 들었는데,
이제 좋아졌어요?

벌써 많이 좋아졌어요.

아직 그렇게 좋아 보이지 않는데,
오늘 좀 일찍 돌아가서 쉬세요.

어제 출근을 못 해서,
처리해야 할 일이 아주 많아요.

당신 일은 내가 처리할게요,
귀가하세요.

그래서 되겠어요?
관심 가져 주셔서 고마워요.

**2단계: 병음**

Tīngshuō nǐ shēngbìng le?
Xiànzài hǎo le ma?

Yǐjīng hǎoduō le.

Kànlái háishi bú tài hǎo,
jīntiān zǎo diǎnr huíqù xiūxi xiūxi ba.

Zuótiān méi shàngbān,
yào chǔlǐ de shìqing hěn duō.

Nǐ de shìr wǒ lái chǔlǐ,
nǐ huíjiā ba.

Nà zěnme xíng?
Xièxie nín de guānxīn.

## 3단계: 한자

听说你生病了？现在好了吗？

---

已经好多了。

---

看来还是不太好，
今天早点儿回去休息休息吧。

---

昨天没上班，
要处理的事情很多。

---

你的事儿我来处理，
你回家吧。

---

那怎么行？谢谢您的关心。

## 단어

**生病** shēngbìng
병이 나다, 병에 걸리다

**已经** yǐjīng
이미, 벌써

**看来** kànlái
보아하니 ~하다

**早点儿** zǎo diǎnr
조금 일찍

**处理** chǔlǐ
처리하다, 해결하다

**关心** guānxīn
관심을 갖다

### 우리말을 보고 중국어로 말해 봅시다.

1. 어제 몸이 불편해서 출근하지 않았어요.

2. 어디 아픈가요?

3. 안색이 좋지 않아요.

4. 오늘 좀 일찍 돌아가서 쉬세요.

### 병음과 한자를 보고 우리말로 말해 봅시다.

1. Wǒ zuótiān shēntǐ bù shūfu, méi shàngbān. 我昨天身体不舒服，没上班。

2. Nǐ nǎr bù shūfu ma? 你哪儿不舒服吗?

3. Nǐ de liǎnsè bù hǎo. 你的脸色不好。

4. Jīntiān zǎo diǎnr huíqù xiūxi xiūxi ba. 今天早点儿回去休息休息吧。

# DAY 06

## 엔진오일을 갈아요

일상생활에서 쓰이는 다양한 표현을 배웁니다.

# 你的车出问题了吗?
### 네 차 고장났어?

| 1단계: 해석 | 2단계: 병음 |
|---|---|
| 너 어디니? | Nǐ zài nǎr? |
| 나 카센터에 있는데. | Wǒ zài xiū chē zhōngxīn. |
| 네 차 고장났어? | Nǐ de chē chū wèntí le ma? |
| 아니, 그냥 엔진오일 교체하려고. | Méiyǒu, zhǐ búguò shì huàn jīyóu. |
| 몇 킬로미터에 한 번씩 엔진오일 교체해? | Nǐ duōshao gōnglǐ huàn yí cì jīyóu? |
| 만 킬로미터에 한 번씩 교체해. | Pǎo yíwàn gōnglǐ huàn yí cì. |

## 3단계: 한자

你在哪儿?

我在修车中心。

你的车出问题了吗?

没有, 只不过是换机油。

你多少公里换一次机油?

跑一万公里换一次。

## 단어

**修车** xiū chē
차를 수리하다

**中心** zhōngxīn
센터

**出问题** chū wèntí
문제가 생기다

**机油** jīyóu
엔진오일

**公里** gōnglǐ
킬로미터

**跑** pǎo
달리다, 뛰다

# 周末有什么安排吗?
## 주말에 무슨 계획 있니?

**1단계: 해석**

주말에 무슨 계획 있니?

아직은 없는데, 무슨 일이야?

별일 없으면 나랑 같이 영화 보러 갈래?

어떤 영화인데?

대만 영화 〈말할 수 없는 비밀〉인데, 정말 재미있대.

좋아, 나도 그 영화 보고 싶었는데, 같이 가자.

**2단계: 병음**

Nǐ zhōumò yǒu shénme ānpái ma?

Xiànzài hái méiyǒu, yǒu shì ma?

Nǐ méi shì jiù gēn wǒ yìqǐ qù kàn diànyǐng ba?

Shénme diànyǐng a?

Táiwān diànyǐng 《Bù néng shuō de mìmì》, tīngshuō hěn yǒu yìsi.

Hǎo, wǒ yě xiǎng kàn nà bù diànyǐng láizhe, yìqǐ qù ba.

## 3단계: 한자

你周末有什么安排吗?

现在还没有, 有事吗?

你没事就跟我一起去看电影吧?

什么电影啊?

台湾电影《不能说的秘密》, 听说很有意思。

好, 我也想看那部电影来着, 一起去吧。

## 단어

**周末** zhōumò
주말

**一起** yìqǐ
함께

**电影** diànyǐng
영화

**秘密** mìmì
비밀

**有意思** yǒu yìsi
재미있다

**来着** láizhe
~을 하고 있었다

문장 끝에 쓰여 일이 일찍이 발생했었음을 나타냄

# 我去售票处买票

**내가 매표소에 가서 살게**

## 1단계: 해석

표 예약했어?

아직 예매하지 않았어,
내가 매표소에 가서 살게.

예매하지 않았으면,
내가 가서 살게.

내가 표를 살게,
너는 팝콘을 사면 어때?

그래, 네 말대로 할게.

그럼 우리 각자 사러 가자.

## 2단계: 병음

Nǐ dìnghǎo piào le ma?

Hái méi dìnghǎo,
wǒ qù shòupiàochù mǎi piào.

Nǐ yàoshi hái méi dìng dehuà,
wǒ qù mǎi ba.

Wǒ mǎi piào,
nǐ mǎi bàomǐhuā zěnmeyàng?

Hǎo, wǒ tīng nǐ de.

Nà wǒmen fēntóu qù mǎi ba.

## 3단계: 한자

你订好票了吗?

还没订好, 我去售票处买票。

你要是还没订的话, 我去买吧。

我买票, 你买爆米花怎么样?

好, 我听你的。

那我们分头去买吧。

## 단어

**订** dìng
예약하다

**售票处** shòupiàochù
매표소

**要是** yàoshi
만약

**爆米花** bàomǐhuā
팝콘

**听你的** tīng nǐ de
네 말대로 할게

**分头** fēntóu
제각기, 각각, 분담하여

# 我在找手机
### 핸드폰을 찾고 있어

| 1단계: 해석 | 2단계: 병음 |
|---|---|
| 여기서 뭐하니? | Nǐ zài zhèr gàn shénme ne? |
| 핸드폰을 찾고 있어. | Wǒ zài zhǎo shǒujī. |
| 왜? 어디서 잃어버렸는데? | Zěnme? Zài nǎr diū de? |
| 어디서 잃어버렸는지 알면, 찾을 필요가 없겠지. | Yàoshi zhīdào zài nǎr diū de, wǒ jiù bú yòng zhǎo le. |
| 봐라, 손에 있는 그건 뭐니? | Nǐ kàn, shǒuli nà shì shénme? |
| 아이고, 들고 있으면서 찾다니. | Āiyā, zhēnshi qí lǘ zhǎo lǘ. |

## 3단계: 한자

你在这儿干什么呢？

我在找手机。

怎么？在哪儿丢的？

要是知道在哪儿丢的，我就不用找了。

你看，手里那是什么？

哎呀，真是骑驴找驴。

## 단어

**找** zhǎo
찾다

**丢** diū
잃어버리다

**要是** yàoshi
만일

**知道** zhīdào
알다

**真是** zhēnshi
정말, 참

**骑驴找驴** qí lǘ zhǎo lǘ
나귀를 타고 나귀를 찾다,
옆에 두고도 이리저리 찾다

### 우리말을 보고 중국어로 말해 봅시다.

1. 네 차 고장났어?

2. 주말에 무슨 계획 있니?

3. 내가 매표소에 가서 살게.

4. 핸드폰을 찾고 있어.

### 병음과 한자를 보고 우리말로 말해 봅시다.

1. Nǐ de chē chū wèntí le ma? 你的车出问题了吗?

2. Zhōumò yǒu shénme ānpái ma? 周末有什么安排吗?

3. Wǒ qù shòupiàochù mǎi piào. 我去售票处买票。

4. Wǒ zài zhǎo shǒujī. 我在找手机。

# DAY 07

## 여기 어떤 요리가 맛있어요?

호텔에서 사용하는 다양한 표현을 배웁니다.

# 欢迎光临, 几位?
### 환영합니다, 몇 분이세요?

---

**1단계: 해석**

환영합니다, 몇 분이세요?

다섯이요, 방 있나요?

있습니다, 저를 따라 오세요.

여기서 보이는 경치가 좋네요.

이 방을 좋아하는 손님이 많아요.

정말 감사합니다.

**2단계: 병음**

Huānyíng guānglín, jǐ wèi?

Wǒmen wǔ wèi, yǒuméiyǒu dānjiān?

Yǒu, qǐng gēn wǒ lái.

Cóng zhèr kàndào de fēngjǐng búcuò.

Hěn duō kèrén dōu xǐhuan zhè jiān.

Fēicháng gǎnxiè.

## 3단계: 한자

欢迎光临, 几位?

我们五位, 有没有单间?

有, 请跟我来。

从这儿看到的风景不错。

很多客人都喜欢这间。

非常感谢。

## 단어

**欢迎** huānyíng
환영하다

**位** wèi
분, 명 〈공경의 뜻을 내포함〉

**单间** dānjiān
방, 룸

**跟** gēn
따라가다, 뒤따르다

**风景** fēngjǐng
풍경

**间** jiān
칸 〈방을 세는 양사〉

# 你们这儿哪个菜好吃?
### 여기 어떤 요리가 맛있어요?

---

**1단계: 해석**

여기 메뉴판이요,
어떤 요리를 주문하시겠어요?

여기 어떤 요리가 맛있어요?

다 맛있습니다.

저는 대하가 먹고 싶어요.

여기 대하 요리가 있어요, 보세요.

맥주 두 병이랑 콜라 한 병도
주세요.

**2단계: 병음**

Zhè shì càipǔ,
nín kànkan diǎn shénme cài?

Nǐmen zhèr nǎge cài hǎochī?

Dōu hěn hǎochī.

Wǒ xiǎng chī dàxiā.

Zhèr yǒu dàxiā, nín kànkan.

Zài lái liǎng píng píjiǔ hé yì píng
kělè.

## 3단계: 한자

这是菜谱, 您看看点什么菜?

你们这儿哪个菜好吃?

都很好吃。

我想吃大虾。

这儿有大虾, 您看看。

再来两瓶啤酒和一瓶可乐。

## 단어

**菜谱** càipǔ
메뉴

**点** diǎn
주문하다

**好吃** hǎochī
맛있다

**大虾** dàxiā
대하

**来** lái
주세요

**瓶** píng
병

# 您刷卡还是用现金?

카드로 하시겠어요 아니면 현금으로 하시겠어요?

## 1단계: 해석

퇴실하려고 합니다.

방 번호가 몇 번이죠?

1222호요, 1 하나에 2 세 개입니다.

객실 카드 키를 주세요.

이틀을 투숙하셔서 3천 위안입니다, 카드로 하시겠어요 아니면 현금으로 하시겠어요?

카드로 하겠습니다.

## 2단계: 병음

Wǒ yào tuìfáng.

Nín de fángjiān shì jǐ hào?

Yī èr èr èr hào, yí ge yī, sān ge èr.

Qǐng gěi wǒ nín de fángkǎ.

Nín zhùle liǎng tiān, sānqiān kuài, nín shuākǎ háishi yòng xiànjīn?

Wǒ shuākǎ.

## 3단계: 한자

我要退房。

您的房间是几号?

一二二二号,一个一,三个二。

请给我您的房卡。

您住了两天,三千块,
您刷卡还是用现金?

我刷卡。

## 단어

**退房** tuìfáng
체크아웃하다

**房间** fángjiān
방

**房卡** fángkǎ
객실 열쇠, 카드 키

**住** zhù
머물다, 숙박하다

**刷卡** shuākǎ
카드로 결제하다

**现金** xiànjīn
현금

# 可以帮我叫出租车吗?
택시를 불러 주실 수 있나요?

## 1단계: 해석

택시를 불러 주실 수 있나요?

공항에 가실 건가요?

네, 지금 공항에 가면 얼마나 걸려요?

지금은 차가 막히지 않으니, 40분이면 됩니다.

여기서 공항까지 얼마 정도 나오죠?

백 위안 정도요.

## 2단계: 병음

Kěyǐ bāng wǒ jiào chūzūchē ma?

Nín yào qù jīchǎng ma?

Duì, xiànzài qù jīchǎng yào duō cháng shíjiān?

Xiànzài bù dǔchē, sìshí fēnzhōng jiù kěyǐ.

Cóng zhèr dào jīchǎng yào duōshao qián?

Yìbǎi kuài zuǒyòu.

## 3단계: 한자

可以帮我叫出租车吗?

您要去机场吗?

对,现在去机场要多长时间?

现在不堵车,
四十分钟就可以。

从这儿到机场要多少钱?

一百块左右。

## 단어

**叫** jiào
부르다

**机场** jīchǎng
공항

**多长时间**
duō cháng shíjiān
얼마 동안, 얼마나

**堵车** dǔchē
차가 막히다, 교통이 체증되다

**从…到…**
cóng…dào…
~부터 ~까지

**左右** zuǒyòu
가량, 안팎, 쯤

> 수량사 뒤에 쓰여 대략적인 수를 나타냄

🔊 우리말을 보고 중국어로 말해 봅시다.

1. 환영합니다, 몇 분이세요?

2. 여기 어떤 요리가 맛있어요?

3. 카드로 하시겠어요 아니면 현금으로 하시겠어요?

4. 택시를 불러 주실 수 있나요?


🔊 병음과 한자를 보고 우리말로 말해 봅시다.

1. Huānyíng guānglín, jǐ wèi? 欢迎光临，几位?

2. Nǐmen zhèr nǎge cài hǎochī? 你们这儿哪个菜好吃?

3. Nín shuākǎ háishi yòng xiànjīn? 您刷卡还是用现金?

4. Kěyǐ bāng wǒ jiào chūzūchē ma? 可以帮我叫出租车吗?

# DAY 08

## 선생님 덕분에 졸업하게 되었어요

일상생활과 관련된 다양한 표현을 배웁니다.

# 真没想到今天在这儿碰上你了
### 오늘 여기서 널 만날 줄은 정말 몰랐어

**1단계: 해석**

오늘 여기서 널 만날 줄은 정말 몰랐어.

당신은……

나 장만옥이야, 잊었어?

그래? 우리 십몇 년 동안 못 만났지?

맞아, 너 결혼했니?

결혼했지, 애가 둘이나 있는데.

**2단계: 병음**

Zhēn méi xiǎngdào jīntiān zài zhèr pèngshàng nǐ le.

Nín shì……

Wǒ shì Zhāng Mànyù, nǐ wàng le?

Shì ma? Wǒmen yǒu shí jǐ nián méi jiànmiàn le ba?

Duì a, nǐ jiéhūn le ma?

Jiéhūn le, yǐjīng yǒu liǎng ge háizi le.

## 3단계: 한자

真没想到今天在这儿碰上你了。

您是……

我是张曼玉，你忘了？

是吗？
我们有十几年没见面了吧？

对啊，你结婚了吗？

结婚了，已经有两个孩子了。

## 단어

**碰 pèng**
마주치다, 만나다

**忘 wàng**
잊다

**见面 jiànmiàn**
만나다

**结婚 jiéhūn**
결혼하다

**已经 yǐjīng**
이미

**孩子 háizi**
아이, 자녀

# 托您的福才可以毕业的

덕분에 졸업하게 되었어요

---

**1단계: 해석**

축하해, 드디어 졸업하네.

고맙습니다 선생님, 모두 선생님 덕분에 졸업하게 되었어요.

하지만 졸업은 끝이 아니고, 새로운 시작이란 것을 알아야 해.

알겠습니다, 그래도 정말 기뻐요.

왜?

수업 안 해도 되니까요.

---

**2단계: 병음**

Gōngxǐ nǐ, zhōngyú bìyè le.

Xièxie lǎoshī, dōu shì tuō nín de fú cái kěyǐ bìyè de.

Dàn nǐ yào zhīdào bìyè bú shì jiéshù, érshì xīn de kāishǐ.

Zhīdào le, búguò háishi hěn gāoxìng.

Wèi shénme ya?

Kěyǐ bú yòng shàngkè le.

MP3를 들으며 3번 반복하세요. 5-8-2.mp3

1회 ○  2회 ○  3회 ○

## 3단계: 한자

恭喜你, 终于毕业了。

谢谢老师,
都是托您的福才可以毕业的。

但你要知道毕业不是结束,
而是新的开始。

知道了, 不过还是很高兴。

为什么呀?

可以不用上课了。

## 단어

**恭喜** gōngxǐ
축하하다

**终于** zhōngyú
결국, 마침내

**毕业** bìyè
졸업하다

**托福** tuōfú
덕을 입다, 덕분에 ~하다

**结束** jiéshù
마치다, 끝나다

**高兴** gāoxìng
기쁘다

# 都几点了, 还没起床
### 지금 몇 시인데 아직도 안 일어났어

| 1단계: 해석 | 2단계: 병음 |
|---|---|
| 지금 몇 시인데, 아직도 안 일어났어. | Dōu jǐ diǎn le, hái méi qǐchuáng. |
| 졸려요, 계속 잘래. | Wǒ kùn, hái yào jìxù shuì. |
| 이 게으름뱅이야, 얼른 일어나. | Nǐ zhè tóu lǎnzhū, kuài qǐlai. |
| 오늘 일요일인데, 나 좀 쉬게 해 줘. | Jīntiān shì xīngqītiān, ràng wǒ hǎohāor xiūxi xiūxi ba. |
| 오늘 애 데리고 놀이공원 간다고 하지 않았어? | Bú shì shuōhǎole jīntiān dài háizi qù yóulèyuán de ma? |
| 맞다, 지금 몇 시야? | Duìle, xiànzài jǐ diǎn le? |

## 3단계: 한자

都几点了，还没起床。

我困，还要继续睡。

你这头懒猪，快起来。

今天是星期天，
让我好好儿休息休息吧。

不是说好了今天带孩子去游乐园的吗？

对了，现在几点了？

## 단어

**起床** qǐchuáng
일어나다 〔잠자리에서〕

**困** kùn
지치다, 피곤하다

**懒猪** lǎnzhū
게으름뱅이

**起来** qǐlai
일어나다

**让** ràng
~하게 하다, ~하도록 시키다

**游乐园** yóulèyuán
놀이공원

# 今晚早点儿睡
### 오늘 밤에는 좀 일찍 자요

---

**1단계: 해석**

에이, 또 늦잠 잤네.

얼른 이 닦고 세수해요.
바로 아침 준비할게요.

아마 아침 먹을 시간은 없겠는데요.

오늘 밤에는 좀 일찍 자요.

알았어요, 나 출근할게요.

가면서 뭐라도 좀 사서 먹어요.

**2단계: 병음**

Āiyā, yòu shuìlǎnjiào le.

Kuài qù shuāyá, xǐliǎn.
Wǒ mǎshàng zhǔnbèi zǎocān.

Kǒngpà méiyǒu shíjiān chī zǎofàn.

Jīn wǎn zǎo diǎnr shuì.

Hǎo de hǎo de, wǒ qù shàngbān le.

Lùshang mǎi diǎnr dōngxi chī.

## 3단계: 한자

哎呀, 又睡懒觉了。

快去刷牙, 洗脸。
我马上准备早餐。

恐怕没有时间吃早饭。

今晚早点儿睡。

好的好的, 我去上班了。

路上买点儿东西吃。

## 단어

**睡懒觉** shuìlǎnjiào
늦잠을 자다

**刷牙** shuāyá
이를 닦다

**洗脸** xǐliǎn
세수하다

**恐怕** kǒngpà
아마 ~일 것이다

**早点儿** zǎo diǎnr
조금 일찍

**路上** lùshang
길 가는 중, 도중

### 🗣 우리말을 보고 중국어로 말해 봅시다.

1. 오늘 여기서 널 만날 줄은 정말 몰랐어.

2. 덕분에 졸업하게 되었어요.

3. 지금 몇 시인데 아직도 안 일어났어.

4. 오늘 밤에는 좀 일찍 자요.


### 🗣 병음과 한자를 보고 우리말로 말해 봅시다.

1. Zhēn méi xiǎngdào jīntiān zài zhèr pèngshàng nǐ le. 真没想到今天在这儿碰上你了。

2. Tuō nín de fú cái kěyǐ bìyè de. 托您的福才可以毕业的。

3. Dōu jǐ diǎn le, hái méi qǐchuáng. 都几点了，还没起床。

4. Jīn wǎn zǎo diǎnr shuì. 今晚早点儿睡。

# DAY 09

## 코트를 한 벌 사고 싶어요

**학습목표**
물건을 살 때 사용하는 다양한 표현을 배웁니다.

# 这是你新买的笔记本电脑吗?
### 이거 새로 산 노트북인가요?

**1단계: 해석**

이거 새로 산 노트북인가요?

보기에 어때요, 괜찮죠?

가격이 비쌀 것 같은데, 얼마예요?

안 비싸요. 이제 노트북 가격이 예전처럼 그렇게 비싸지는 않아요.

그럼 성능은요?

당연히 점점 좋아지죠.

**2단계: 병음**

Zhè shì nǐ xīn mǎi de bǐjìběn diànnǎo ma?

Kànqǐlái zěnmeyàng, búcuò ba?

Jiàgé hěn guì ba, duōshao qián?

Bú guì, xiànzài bǐjìběn de jiàgé bú xiàng yǐqián nàme guì le.

Nà xìngnéng ne?

Dāngrán yuè lái yuè hǎo le.

### 3단계: 한자

这是你新买的笔记本电脑吗？

看起来怎么样, 不错吧？

价格很贵吧, 多少钱？

不贵, 现在笔记本的价格不像以前那么贵了。

那性能呢？

当然越来越好了。

### 단어

**笔记本电脑** bǐjìběn diànnǎo
노트북 컴퓨터

**看起来** kànqǐlái
보기에 ～하다

**价格** jiàgé
가격

**像** xiàng
～과 같다

**性能** xìngnéng
성능

**越来越** yuè lái yuè
점점 ～해진다, 갈수록 ～하다

# 我要买件大衣
### 코트를 한 벌 사고 싶어요

## 1단계: 해석

겨울이네요,
코트를 한 벌 사고 싶어요.

그럼 시내 나가기 전에
먼저 인터넷으로 봐요.

맞아요,
아예 인터넷에서 사야겠어요.

그래도 상점에 가서 입어 본 후에
사는 게 더 좋겠어요.

인터넷에서 사는 건 별로예요?

괜찮기는 한데,
옷이 보는 거랑 입는 게 달라요.

## 2단계: 병음

Dōngtiān le, wǒ yào mǎi jiàn dàyī.

Nà nǐ qù guàngjiē zhīqián,
xiān shàngwǎng kànkan ba.

Duìle, gāncuì shàngwǎng mǎi.

Háishi qù shāngdiàn shìchuān yǐhòu
mǎi gèng héshì.

Shàngwǎng mǎi bù hǎo ma?

Kěyǐ shì kěyǐ, kěshì yīfu kàn de hé
chuān de bù yíyàng.

## 3단계: 한자

冬天了, 我要买件大衣。

那你去逛街之前,
先上网看看吧。

对了, 干脆上网买。

还是去商店试穿以后买更
合适。

上网买不好吗?

可以是可以,
可是衣服看的和穿的不一样。

## 단어

**大衣** dàyī
코트, 외투

**逛街** guàngjiē
쇼핑하다, 거리를 구경하다

**上网** shàngwǎng
인터넷을 하다

**干脆** gāncuì
차라리, 아예

**试穿** shìchuān
입어 보다

**合适** héshì
적당하다, 알맞다

# 好像有点儿小
## 좀 작을 것 같은데요

### 1단계: 해석

저 줄무늬 원피스를 한 번 입어 봐도 될까요?

네, 이 치마를 입으시면 날씬해 보이실 거예요.

좀 작을 것 같은데요.

먼저 이걸 입어 보세요.

네.

제가 한 사이즈 큰 걸 찾아볼게요.

### 2단계: 병음

Wǒ kěyǐ shìchuān yíxià nà tiáo tiáowén liányīqún ma?

Kěyǐ, nín chuān zhè tiáo qúnzi, huì xiǎnde hěn miáotiao de.

Hǎoxiàng yǒudiǎnr xiǎo.

Xiān shìshi zhè tiáo kànkan.

Hǎo de.

Wǒ qù zài zhǎo yíxià dà yí hào de.

MP3를 들으며 3번 반복하세요. 🎧 5-9-3.mp3

1회 ◯　2회 ◯　3회 ◯

### 3단계: 한자

我可以试穿一下那条
条纹连衣裙吗?

---

可以, 您穿这条裙子,
会显得很苗条的。

---

好像有点儿小。

---

先试试这条看看。

---

好的。

---

我去再找一下大一号的。

### 단어

**条纹** tiáowén
줄무늬

**连衣裙** liányīqún
원피스

**显得** xiǎnde
~하게 보이다

**苗条** miáotiao
날씬하다

**好像** hǎoxiàng
아마도

**号** hào
사이즈

DAY 9 코트를 한 벌 사야겠어요 | 93

# 那条连衣裙有没有我的码?
## 저 원피스는 제 사이즈가 있나요?

### 1단계: 해석

어때요? 잘 맞으세요?

정말 딱 맞네요.

옷은 입어 봐야 몸에 맞는지 안 맞는지 알 수 있습니다.

저 물방울 무늬 원피스는 제 사이즈가 있나요?

당연히 있죠. 잠시만 기다려 주시면 제가 가져다 드리겠습니다.

고맙습니다!

### 2단계: 병음

Zěnmeyàng? Héshēn ma?

Hái zhēnshi gānggāng hǎo.

Yīfu yīnggāi shìchuānle cái zhīdào hé bu héshēn.

Nà tiáo shuǐdī tú'àn de liányīqún yǒu méiyǒu wǒ de mǎ?

Dāngrán yǒu, qǐng shāo děng, wǒ qù gěi nín ná.

Xièxie!

MP3를 들으며 3번 반복하세요. 5-9-4.mp3
1회 ○  2회 ○  3회 ○

## 3단계: 한자

怎么样? 合身吗?

还真是刚刚好。

衣服应该试穿了才知道合不合身。

那条水滴图案的连衣裙有没有我的码?

当然有, 请稍等, 我去给您拿。

谢谢!

## 단어

**合身** héshēn
몸에 맞다

**刚刚** gānggāng
딱, 꼭

**水滴图案** shuǐdī tú'àn
물방울 무늬

**码** mǎ
사이즈

**稍** shāo
조금, 잠시

**拿** ná
가지다, 잡다

### 🔊 우리말을 보고 중국어로 말해 봅시다.

1. 이거 새로 산 노트북인가요?

2. 코트를 한 벌 사고 싶어요.

3. 좀 작을 것 같은데요.

4. 저 원피스는 제 사이즈가 있나요?

### 🔊 병음과 한자를 보고 우리말로 말해 봅시다.

1. Zhè shì nǐ xīn mǎi de bǐjìběn diànnǎo ma? 这是你新买的笔记本电脑吗?

2. Wǒ yào mǎi jiàn dàyī. 我要买件大衣。

3. Hǎoxiàng yǒudiǎnr xiǎo. 好像有点儿小。

4. Nà tiáo liányīqún yǒu méiyǒu wǒ de mǎ? 那条连衣裙有没有我的码?

# DAY 10

## 환전하고 싶은데요

학습목표

일상생활에서 쓰이는 다양한 표현을 배웁니다.

# 你知道在哪儿能换钱吗?
### 어디서 환전하는지 아세요?

| 1단계: 해석 | 2단계: 병음 |
|---|---|
| 제가 지금 위안화가 없어서 그런데, 돈 있으세요? | Wǒ shēnshang méiyǒu rénmínbì, nǐ yǒu qián ma? |
| 가지고 있던 위안화는 다 쓰신 건가요? | Nǐ dài de rénmínbì dōu huāguāng le? |
| 네, 여기서 환전할 수 있나요? | Shì a, zài zhèr kěyǐ huànqián ma? |
| 호텔에서 환전할 수 있어요. | Jiǔdiàn li kěyǐ huànqián. |
| 어디서 환전하는지 아세요? | Nǐ zhīdào zài nǎr néng huànqián ma? |
| 1층 프런트 데스크 옆이요. | Zài yī lóu qiántái pángbiān. |

MP3를 들으며 3번 반복하세요.  5-10-1.mp3

1회 ○  2회 ○  3회 ○

## 3단계: 한자

我身上没有人民币,
你有钱吗?

你带的人民币都花光了?

是啊, 在这儿可以换钱吗?

酒店里可以换钱。

你知道在哪儿能换钱吗?

在一楼前台旁边。

## 단어

**人民币** rénmínbì
인민폐, 위안화
중국의 화폐단위

**带** dài
지니다, 휴대하다, 가지다

**花光** huāguāng
전부 써 버리다

**换钱** huànqián
환전하다

**前台** qiántái
프런트

**旁边** pángbiān
옆

# 我想换钱
### 저는 환전을 하고 싶습니다

## 1단계: 해석

환전을 하고 싶습니다.

가지고 계신 게 달러입니까 아니면 유로화입니까?

제가 가지고 있는 건 엔화입니다.

얼마를 바꾸시겠습니까?

3만엔을 위안화로 바꾸고 싶습니다.

네, 여권을 보여 주세요.

## 2단계: 병음

Wǒ xiǎng huànqián.

Nín dài de shì Měiyuán háishi Ōuyuán?

Wǒ dài de shì Rìyuán.

Nín yào huàn duōshao?

Wǒ xiǎng bǎ sānwàn Rìyuán huànchéng rénmínbì.

Hǎo de, qǐng chūshì yíxià nín de hùzhào.

MP3를 들으며 3번 반복하세요.  5-10-2.mp3

1회 ◯   2회 ◯   3회 ◯

### 3단계: 한자

我想换钱。

您带的是美元还是欧元?

我带的是日元。

您要换多少?

我想把三万日元换成人民币。

好的, 请出示一下您的护照。

### 단어

**美元** Měiyuán
달러  〈미국의 화폐단위〉

**还是** háishi
또는, 아니면

**欧元** Ōuyuán
유로화  〈유럽의 화폐단위〉

**日元** Rìyuán
엔화  〈일본의 화폐단위〉

**出示** chūshì
내보이다, 제시하다

**护照** hùzhào
여권

# 能不能点别的?
## 다른 걸로 주문할 수 있을까요?

| 1단계: 해석 | 2단계: 병음 |
|---|---|
| 우리 홍샤오러우 하나 주문하죠. | Wǒmen diǎn yí ge hóngshāoròu ba. |
| 다른 걸로 주문할 수 있을까요? | Néng bu néng diǎn biéde? |
| 왜요? 홍샤오러우 싫어해요? | Zěnme?<br>Nǐ bù xǐhuan hóngshāoròu ma? |
| 너무 느끼해서요. | Tài yóunì le. |
| 저는 비계를 좋아해요. | Wǒ ài chī féiròu. |
| 앞으로는 조금만 드세요, 비계를 많이 먹으면 몸에 좋지 않아요. | Yǐhòu shǎo chī diǎnr,<br>féiròu chīduō le, duì shēntǐ bù hǎo. |

## 3단계: 한자

我们点一个红烧肉吧。

能不能点别的？

怎么？你不喜欢红烧肉吗？

太油腻了。

我爱吃肥肉。

以后少吃点儿，肥肉吃多了，对身体不好。

## 단어

**点** diǎn
주문하다

**红烧肉** hóngshāoròu
홍샤오러우
돼지고기를 간장으로 양념하여 만드는 요리

**别的** biéde
다른 것

**油腻** yóunì
기름지다, 느끼하다

**肥肉** féiròu
비계

**少** shǎo
적다

# 服务员, 买单!
여기요, 계산해 주세요!

### 1단계: 해석

여기요, 계산해 주세요!

모두 340위안입니다.

350위안을 드릴게요.

영수증 필요하세요?

필요해요,
영수증 처리를 해야 합니다.

네, 잠시만 기다려 주세요.

### 2단계: 병음

Fúwùyuán, mǎidān!

Yígòng sānbǎi sìshí yuán.

Gěi nǐ sānbǎi wǔ.

Xūyào kāi zhāng fāpiào ma?

Xūyào, wǒ děi bàoxiāo.

Hǎo de, qǐng shāo děng.

## 3단계: 한자

服务员, 买单!

一共三百四十元。

给你三百五。

需要开张发票吗?

需要, 我得报销。

好的, 请稍等。

## 단어

**服务员** fúwùyuán
종업원, 웨이터

**买单** mǎidān
계산하다, 지불하다

**一共** yígòng
모두

**需要** xūyào
필요하다

**开发票** kāi fāpiào
영수증을 발행하다

**报销** bàoxiāo
청구하다 (사용 경비를)

### 🔊 우리말을 보고 중국어로 말해 봅시다.

1. 어디서 환전하는지 아세요?

2. 저는 환전을 하고 싶습니다.

3. 다른 걸로 주문할 수 있을까요?

4. 여기요, 계산해 주세요!

### 🔊 병음과 한자를 보고 우리말로 말해 봅시다.

1. Nǐ zhīdào zài nǎr néng huànqián ma? 你知道在哪儿能换钱吗?

2. Wǒ xiǎng huànqián. 我想换钱。

3. Néng bu néng diǎn biéde? 能不能点别的?

4. Fúwùyuán, mǎidān! 服务员, 买单!

# DAY 11

## 내년에는 하와이로 가요

**학습목표**
여행과 관련된 다양한 표현을 배웁니다.

# 离出发还有多长时间?
### 출발 시간까지 얼마나 남았나요?

---

**1단계: 해석**

지금 몇 시죠?
출발 시간까지 얼마나 남았나요?

30분 남았어요.

저 먹을 것 좀 사러 갈게요.

서두르세요.

조급해하지 말아요,
승차할 시간은 충분해요.

네, 여기서 기다리고 있을게요.

**2단계: 병음**

Xiànzài jǐ diǎn? Lí chūfā hái yǒu duō cháng shíjiān?

Hái yǒu bàn ge xiǎoshí.

Wǒ qù mǎi diǎnr chī de.

Kuài diǎnr.

Bù zháojí, láidejí shàngchē.

Hǎo de, wǒ zài zhèr děng nǐ.

MP3를 들으며 3번 반복하세요.  5-11-1.mp3

1회 ○　2회 ○　3회 ○

### 3단계: 한자

现在几点?
离出发还有多长时间?

还有半个小时。

我去买点儿吃的。

快点儿。

不着急, 来得及上车。

好的, 我在这儿等你。

### 단어

**离** lí
~로부터

**出发** chūfā
출발하다

**半** bàn
반, 절반

**着急** zháojí
조급해하다, 초조해하다

**来得及** láidejí
늦지 않다, 겨를이 있다

**上车** shàngchē
타다, 오르다   차, 기차 등에

# 有软座吗?
## 상등석은 있나요?

### 1단계: 해석

저는 침대칸 표로 주세요.

오늘은 일등 침대석과 일반 침대석 모두 매진입니다.

상등석은 있나요?

없습니다, 일반석만 있습니다.

내일 것은 있나요?

내일 오후 것은 있습니다.

### 2단계: 병음

Wǒ yào wòpùpiào.

Jīntiān ruǎnwò、yìngwò dōu méi le.

Yǒu ruǎnzuò ma?

Méiyǒu, zhǐyǒu yìngzuò.

Yǒu míngtiān de ma?

Yǒu míngtiān xiàwǔ de.

MP3를 들으며 3번 반복하세요. 🎧 5-11-2.mp3

1회 ◯　2회 ◯　3회 ◯

## 3단계: 한자

我要卧铺票。

今天软卧、硬卧都没了。

有软座吗?

没有, 只有硬座。

有明天的吗?

有明天下午的。

## 단어

**卧铺票** wòpùpiào
침대칸 표

**软卧** ruǎnwò
일등 침대석　열차에서 4인 1실의

**硬卧** yìngwò
일반 침대석　열차에서 6인 1실의

**软座** ruǎnzuò
상등석

**只有** zhǐyǒu
~밖에 없다

**硬座** yìngzuò
일반석

# 下一站我也要下车
### 다음 역에서 저도 내릴 겁니다

---

**1단계: 해석**

다음 역은 서울역입니다.

죄송하지만 좀 비켜 주세요.

아이고, 밀지 마세요!

죄송합니다, 내리시나요?

네, 다음 역에서 저도 내릴 겁니다.

네.

---

**2단계: 병음**

Xià yí zhàn shì Shǒu'ěrzhàn.

Ràng yi ràng, jièguāng jièguāng.

Āiyā, bié tuī a!

Duìbuqǐ, nín yě xiàchē ma?

Duì, xià yí zhàn wǒ yě yào xiàchē.

Hǎo de.

## 3단계: 한자

下一站是首尔站。

让一让, 借光借光。

哎呀, 别推啊!

对不起, 您也下车吗?

对, 下一站我也要下车。

好的。

## 단어

**下一站** xià yí zhàn
다음 역

**让** ràng
비키다

**借光** jièguāng
실례합니다, 미안합니다

**推** tuī
밀다

**对不起** duìbuqǐ
미안합니다

**下车** xiàchē
하차하다

# 下个月放假, 你有什么打算?
### 다음 달 휴일에 무슨 계획 있어요?

---

**1단계: 해석**

다음 달 휴일에 무슨 계획 있어요?

어디서 휴가를 보낼지 아직 결정하지 못했습니다.

대만으로 휴가를 가는 건 어때요?

대만도 좋지만, 우리 하와이로 가는 건 어때요?

그럼 올해는 대만에 가고, 내년에는 하와이로 갑시다.

좋아요!

**2단계: 병음**

Xià ge yuè fàngjià,
nǐ yǒu shénme dǎsuàn?

Hái méi juédìng qù nǎr dùjià.

Qù Táiwān dùjià zěnmeyàng?

Táiwān yě búcuò, búguò wǒmen qù Xiàwēiyí, zěnmeyàng?

Nà jīnnián qù Táiwān, míngnián qù Xiàwēiyí ba.

Hǎo ba!

## 3단계: 한자

下个月放假, 你有什么打算?

还没决定去哪儿度假。

去台湾度假怎么样?

台湾也不错,
不过我们去夏威夷, 怎么样?

那今年去台湾,
明年去夏威夷吧。

好吧!

## 단어

**放假** fàngjià
쉬다, 방학하다  학교나 직장이

**打算** dǎsuàn
~할 생각이다, 계획하다

**决定** juédìng
결정하다

**度假** dùjià
휴가를 보내다

**夏威夷** Xiàwēiyí
하와이

**今年** jīnnián
금년, 올해

### 우리말을 보고 중국어로 말해 봅시다.

1. 출발 시간까지 얼마나 남았나요?

2. 상등석은 있나요?

3. 다음 역에서 저도 내릴 겁니다.

4. 다음 달 휴일에 무슨 계획 있어요?

### 병음과 한자를 보고 우리말로 말해 봅시다.

1. Lí chūfā hái yǒu duō cháng shíjiān? 离出发还有多长时间？

2. Yǒu ruǎnzuò ma? 有软座吗？

3. Xià yí zhàn wǒ yě yào xiàchē. 下一站我也要下车。

4. Xià ge yuè fàngjià, nǐ yǒu shénme dǎsuàn? 下个月放假，你有什么打算？

# DAY 12

## 새콤달콤해요

**학습목표**

요리와 관련된 다양한 표현을 배웁니다.

# 贵的我吃不起
### 비싼 건 못 사 먹어요

---

**1단계: 해석**

정통 중국요리를 드셔 본 적이 있나요?

가격이 비싸지 않나요?

물론 비싼 것도 있죠,
하지만 실속 있는 것도 있습니다.

비싼 건 못 사 먹어요, 하하.

그래도 어쩌다 한 번 먹는 것은 괜찮잖아요.

네, 언제 한 번 사 주세요.

**2단계: 병음**

Nǐ chīguo zhèngzōng de zhōngguócài ma?

Jiàgé shì bu shì hěn guì?

Dāngrán yǒu guì de,
dàn yě yǒu shíhuì de.

Guì de wǒ chī bu qǐ, hāhā.

Búguò ǒu'ěr chī yí cì háishi kěyǐ ba.

Nà gǎitiān nǐ qǐng wǒ ba.

MP3를 들으며 3번 반복하세요.  5-12-1.mp3

1회 ◯  2회 ◯  3회 ◯

## 3단계: 한자

你吃过正宗的中国菜吗?

价格是不是很贵?

当然有贵的, 但也有实惠的。

贵的我吃不起, 哈哈。

不过偶尔吃一次还是可以吧。

那改天你请我吧。

## 단어

**正宗** zhèngzōng
정통

**价格** jiàgé
가격

**实惠** shíhuì
실속 있다, 실용적이다

**吃不起** chī bu qǐ
먹을 수 없다   음식이 너무 비싸서

**偶尔** ǒu'ěr
때때로, 간혹, 이따금

**改天** gǎitiān
다른 날, 나중

# 全是我爱吃的菜
### 모두 제가 좋아하는 요리입니다

---

**1단계: 해석**

아이고, 이렇게 많은 요리를 준비하시다니, 큰 폐를 끼쳤습니다.

이 정도 가지고 뭘, 집에서 해 먹는 음식인데.

모두 제가 좋아하는 요리에요.

그래? 얘도 참 듣기 좋은 말만 한다니까.

오랫동안 이렇게 맛있는 중국요리를 먹어 보지 못했어요.

잘 됐네, 많이 먹어.

**2단계: 병음**

Āiyā, zhǔnbèi zhème duō cài, tài máfan nǐ le.

Zhè méi shénme, zhǐshì jiāchángcài éryǐ.

Quán shì wǒ ài chī de cài ya.

Shì ma? Zhè háizi zuǐ zhēn tián.

Hǎojiǔ méi chīguo zhème hàochī de zhōngguócài le.

Nà zhènghǎo, nǐ duō chī diǎnr.

MP3를 들으며 3번 반복하세요. 🎧 5-12-2.mp3

1회 ◯  2회 ◯  3회 ◯

### 3단계: 한자

哎呀, 准备这么多菜,
太麻烦你了。

这没什么, 只是家常菜而已。

全是我爱吃的菜呀。

是吗? 这孩子嘴真甜。

好久没吃过这么好吃的
中国菜了。

那正好, 你多吃点儿。

### 단어

**准备** zhǔnbèi
준비하다

**麻烦** máfan
귀찮다, 번거롭다

**没什么** méi shénme
괜찮다, 상관 없다

**只是…而已** zhǐshì…éryǐ
~에 불과하다

**嘴** zuǐ
입

**甜** tián
달콤하다

# 那边有一条小吃街

거기 먹자골목이 있어요

**1단계: 해석**

전에 베이징에 오신 적이 있나요?

처음 왔어요.

그럼 왕푸징에 가 보는 것을 추천합니다.

거기에는 어떤 볼거리가 있나요?

거기 먹자골목이 있어요.

저녁에 꼭 가 봐야겠어요.

**2단계: 병음**

Nǐ yǐqián láiguo Běijīng ma?

Wǒ dì-yī cì lái.

Nà wǒ tuījiàn nǐ qù Wángfǔjǐng kànkan.

Nàr yǒu shénme kě kàn de ne?

Nàbiān yǒu yì tiáo xiǎochījiē.

Wǎnshang yídìng yào qù kànkan.

### 3단계: 한자

你以前来过北京吗?

我第一次来。

那我推荐你去王府井看看。

那儿有什么可看的呢?

那边有一条小吃街。

晚上一定要去看看。

### 단어

**以前** yǐqián
과거, 이전

**第一次** dì-yī cì
처음

**推荐** tuījiàn
추천하다

**可看** kě kàn
볼 만하다

**小吃街** xiǎochījiē
먹자골목

**一定要** yídìng yào
반드시~해야 한다

# 又酸又甜, 你尝尝

새콤달콤해요, 드셔 보세요

| 1단계: 해석 | 2단계: 병음 |
|---|---|
| 이 요리는 뭐라고 불러요? | Zhège cài jiào shénme? |
| 탕추파이구입니다. | Tángcù páigǔ. |
| 이건 무슨 맛이에요? | Zhè shì shénme wèir de? |
| 새콤달콤해요, 드셔 보세요. | Yòu suān yòu tián, nǐ chángchang. |
| 맛이 기가 막히네요, 정말 맛있어요. | Wèidào hào jí le, zhēn hǎochī. |
| 맛있으면 많이 드세요. | Hǎochī jiù duō chī diǎnr. |

## 3단계: 한자

这个菜叫什么?

糖醋排骨。

这是什么味儿的?

又酸又甜, 你尝尝。

味道好极了, 真好吃。

好吃就多吃点儿。

## 단어

**糖醋排骨** tángcù páigǔ
탕추파이구, 탕수갈비
돼지갈비를 새콤달콤하게 조리한 요리

**味儿** wèir
맛, 냄새

**又…又…** yòu…yòu…
~하기도 하고 ~하기도 하다

**酸** suān
시다, 시큼하다

**甜** tián
달다, 달콤하다

**尝** cháng
맛보다

**味道** wèidào
맛

🗣️ 우리말을 보고 중국어로 말해 봅시다.

1. 비싼 건 못 사 먹어요.

2. 모두 제가 좋아하는 요리입니다.

3. 거기 먹자골목이 있어요.

4. 새콤달콤해요, 드셔 보세요.

🗣️ 병음과 한자를 보고 우리말로 말해 봅시다.

1. Guì de wǒ chī bu qǐ. 贵的我吃不起。

2. Quán shì wǒ ài chī de cài ya. 全是我爱吃的菜呀。

3. Nàbiān yǒu yì tiáo xiǎochījiē. 那边有一条小吃街。

4. Yòu suān yòu tián, nǐ chángchang. 又酸又甜, 你尝尝。

# DAY 13

## 언제부터 출근하세요?

**학습목표**
일과 관련된 다양한 표현을 배웁니다.

# 什么时候开始上班?
### 언제부터 출근하세요?

**1단계: 해석**

오늘 어째서 출근하지 않았죠?

저 사직했어요.

정말이요?
하는 일을 좋아하셨잖아요?

제가 그 일보다 더 좋은 일을 찾았어요.

정말 부럽네요,
언제부터 출근하세요?

다음 달 1일부터요.

**2단계: 병음**

Jīntiān nǐ zěnme méi qù shàngbān?

Wǒ cízhí le.

Zhēn de? Nǐ bú shì hěn xǐhuan nǐ de gōngzuò ma?

Wǒ zhǎodào bǐ nàge gōngzuò gèng hǎo de le.

Hǎo xiànmù nǐ, shénme shíhou kāishǐ shàngbān?

Xià ge yuè yī hào.

## 3단계: 한자

今天你怎么没去上班?

我辞职了。

真的?
你不是很喜欢你的工作吗?

我找到比那个工作更好的了。

好羡慕你, 什么时候开始上班?

下个月一号。

## 단어

**辞职** cízhí
사직하다

**找** zhǎo
찾다

**比** bǐ
~보다, ~에 비해

**更** gèng
더욱

**好** hǎo
매우, 무척

> 형용사나 동사 앞에 쓰여 정도가 심함을 나타내며, 주로 감탄의 어기를 나타냄

**羡慕** xiànmù
부러워하다, 탐내다

# 我还差得远呢
### 저는 아직 한참 멀었어요

| 1단계: 해석 | 2단계: 병음 |
|---|---|
| 아주 좋습니다, 잘하셨어요. | Tài hǎo le, nǐ zuò de hěn hǎo. |
| 과찬이십니다, 아직 많이 부족합니다. | Nín tài kuājiǎng le, wǒ shì ge bànpíngzicù. |
| 겸손이 지나치십니다. | Nǐ tài qiānxū le. |
| 전혀 아닙니다, 저는 아직 한참 멀었어요. | Méiyǒu méiyǒu, wǒ hái chà de yuǎn ne. |
| 끊임없이 노력하는 자세가 더 좋네요. | Búduàn nǔlì de tàidù gèng hǎo. |
| 너무 비행기 태우지 마세요. | Nín bié gěi wǒ dài gāomào le. |

MP3를 들으며 3번 반복하세요. 🎧 5-13-2.mp3

1회 ○  2회 ○  3회 ○

## 3단계: 한자 | 단어

太好了, 你做得很好。

您太夸奖了, 我是个半瓶子醋。

你太谦虚了。

没有没有, 我还差得远呢。

不断努力的态度更好。

您别给我戴高帽了。

**做** zuò
하다

**夸奖** kuājiǎng
칭찬하다

**半瓶子醋** bànpíngzicù
얼치기, 깡통

> 반 병밖에 안 되는 식초가 출렁인다는 뜻으로, 수준 미달인 사람을 말함

**谦虚** qiānxū
겸손하다

**不断** búduàn
끊임없이

**戴高帽** dài gāomào
치켜세우다, 비행기를 태우다

# 有件事想跟您商量一下
### 당신과 상의할 일이 있습니다

## 1단계: 해석

과장님, 지금 시간 있으세요?

어떻게 시간이 없을 수 있겠어요.

상의할 일이 있습니다.

네, 말씀하세요.

이거 참 망신이 아닌지 모르겠어요. 정말 말하기 어렵네요.

괜찮아요, 우리 사이에 뭘요.

## 2단계: 병음

Kēzhǎng, nín xiànzài yǒu shíjiān ma?

Zěnme néng méi shíjiān ne.

Yǒu jiàn shì xiǎng gēn nín shāngliang yíxià.

Hǎo ba, nǐ shuō.

Bù zhīdào zhè suàn bu suàn diūliǎn de shì, zhēn bù hǎo shuō.

Méi guānxi, zán liǎ shéi gēn shéi a?

## 3단계: 한자

科长, 您现在有时间吗?

怎么能没时间呢。

有件事想跟您商量一下。

好吧, 你说。

不知道这算不算丢脸的事, 真不好说。

没关系, 咱俩谁跟谁啊?

## 단어

**科长** kēzhǎng
과장

**商量** shāngliang
상의하다

**算** suàn
간주하다, 치다

**丢脸** diūliǎn
체면을 구기다, 망신을 당하다

**好** hǎo
~하기가 쉽다, ~를 하기에 편하다

**俩** liǎ
두 개, 두 사람

# 最近脸色不错, 交男朋友了?

요새 얼굴이 좋아 보이는데, 남자친구 생겼어요?

| **1단계: 해석** | **2단계: 병음** |
|---|---|
| 안녕하세요! 요새 얼굴이 좋아 보이는데, 남자친구 생겼어요? | Zǎo! Zuìjìn liǎnsè búcuò, jiāo nánpéngyou le? |
| 과장님 안녕하세요! 네, 눈썰미가 좋으신데요. | Kēzhǎng zǎo! Shì a, nín zhēn yǒu yǎnlì a. |
| 제가 눈썰미가 좋은 게 아니라, 당신 얼굴에 다 써 있어요! | Bú shì wǒ yǒu yǎnlì, shì dōu xiě zài nǐ liǎnshang le ya! |
| 제가 어때서요? | Wǒ zěnme le? |
| 항상 싱글벙글한 얼굴을 보면 바로 알 수 있어요. | Zǒngshì xiàomīmī de yàngzi, yí kàn jiù zhīdào. |
| 정말 부끄러운데요. | Zhēn bù hǎoyìsi. |

## 3단계: 한자

早! 最近脸色不错,
交男朋友了?

科长早! 是啊, 您真有眼力啊.

不是我有眼力,
是都写在你脸上了呀!

我怎么了?

总是笑眯眯的样子,
一看就知道。

真不好意思。

## 단어

**早** zǎo
안녕하세요 〈아침 인사말〉

**交** jiāo
사귀다

**眼力** yǎnlì
눈썰미, 안목

**写** xiě
쓰다

**总是** zǒngshì
늘, 언제나

**笑眯眯** xiàomīmī
빙그레 웃다, 싱글벙글 웃다

🔊 우리말을 보고 중국어로 말해 봅시다.

1. 언제부터 출근하세요?

2. 저는 아직 한참 멀었어요.

3. 당신과 상의할 일이 있습니다.

4. 요새 얼굴이 좋아 보이는데, 남자친구 생겼어요?


🔊 병음과 한자를 보고 우리말로 말해 봅시다.

1. Shénme shíhou kāishǐ shàngbān? 什么时候开始上班?

2. Wǒ hái chà de yuǎn ne. 我还差得远呢。

3. Yǒu jiàn shì xiǎng gēn nín shāngliang yíxià. 有件事想跟您商量一下。

4. Zuìjìn liǎnsè búcuò, jiāo nánpéngyou le? 最近脸色不错，交男朋友了?

# DAY 14

## 오늘 날씨가 괜찮네요

날씨와 관련된 다양한 표현을 배웁니다.

# 我以为会下雨呢!

저는 비가 올 줄 알았어요!

**1단계: 해석**

봐요, 눈이 와요.

이게 올해 첫눈이네요.

왜요? 첫사랑 생각나요?

아니요, 저는 비가 올 줄 알았어요.

낮에는 비교적 따뜻하네요.

저녁에 바람이 불면 온도가 갑자기 떨어져요.

**2단계: 병음**

Nǐ kàn, xià xuě le.

Zhè shì jīnnián de dì-yī chǎng xuě.

Zěnme? Xiǎngqǐ chūliàn le?

Bú shì, wǒ yǐwéi huì xià yǔ ne.

Báitiān bǐjiào nuǎnhuo.

Wǎnshang guā fēng, wēndù tūrán xiàjiàng.

## 3단계: 한자

你看，下雪了。

这是今年的第一场雪。

怎么？想起初恋了？

不是，我以为会下雨呢。

白天比较暖和。

晚上刮风，温度突然下降。

## 단어

**第一** dì-yī
맨 처음

**初恋** chūliàn
첫사랑

**以为** yǐwéi
~으로 여기다

**白天** báitiān
낮

**暖和** nuǎnhuo
따뜻하다

**下降** xiàjiàng
떨어지다, 낮아지다

# 小心着凉
감기 조심하세요

### 1단계: 해석

오늘 날씨는 괜찮네요.

요새 미세먼지가 심한데요.

게다가 아침저녁으로는 좀 춥고,
낮에는 약간 더워요.

저도 너무 괴로워요.

감기 조심하세요.

날씨가 정말 변화무쌍하네요.

### 2단계: 병음

Jīntiān tiānqì suàn búcuò le.

Zuìjìn wùmái hěn yánzhòng.

Érqiě zǎowǎn yǒudiǎnr lěng,
báitiān yǒudiǎnr rè.

Wǒ yě hěn nánshòu.

Xiǎoxīn zháoliáng.

Tiānqì zhēnshi biànhuà wúcháng.

## 3단계: 한자

今天天气算不错了。

最近雾霾很严重。

而且早晚有点儿冷,
白天有点儿热。

我也很难受。

小心着凉。

天气真是变化无常。

## 단어

**算** suàn
간주하다, 치다

**雾霾** wùmái
미세먼지

**严重** yánzhòng
심각하다

**难受** nánshòu
불편하다, 괴롭다

**小心** xiǎoxīn
조심하다

**着凉** zháoliáng
감기에 걸리다

# 冬天气温多少度?
### 겨울에는 기온이 몇 도인가요?

| 1단계: 해석 | 2단계: 병음 |
|---|---|
| 하얼빈은 겨울에 추워요? | Hā'ěrbīn dōngtiān lěng ma? |
| 당연하죠, 무척 추워요. | Dāngrán, fēicháng lěng. |
| 겨울에는 기온이 몇 도인가요? | Dōngtiān qìwēn duōshao dù? |
| 가장 추울 때는 저녁에 영하 30도 밑으로 내려가요. | Zuì lěng de shíhou, wǎnshang língxià sānshí dù yǐxià. |
| 그럼 낮에는요? | Nà báitiān ne? |
| 낮 최고 기온은 대략 영하 10도 정도입니다. | Báitiān zuì gāo wēndù dàgài shì língxià shí dù zuǒyòu. |

## 3단계: 한자

哈尔滨冬天冷吗?

当然, 非常冷。

冬天气温多少度?

最冷的时候,
晚上零下三十度以下。

那白天呢?

白天最高温度大概是零下
十度左右。

## 단어

**冷** lěng
춥다

**当然** dāngrán
당연히

**气温** qìwēn
기온

**零下** língxià
영하

**大概** dàgài
대략

**左右** zuǒyòu
가량, 안팎, 쯤

# 我最讨厌冬天了
### 저는 겨울이 제일 싫어요

**1단계: 해석**

오늘 바람이 거세네요.
드디어 겨울이 왔어요.

맞아요, 저는 겨울이 가장 싫어요.

왜냐하면 추위를 많이 타서요.

옷을 좀 더 입으면 되는 거 아닌가요?

저는 겨울이 좋아요.
방 안에서 밖에 눈이 오는 걸 보고
있으면, 마음이 평온해져요.

당신이 이렇게 낭만적인 줄은
몰랐네요.

**2단계: 병음**

Jīntiān fēng hǎo dà,
dōngtiān zhōngyú lái le.

Shì a, wǒ zuì tǎoyàn dōngtiān le.

Yīnwèi wǒ hěn pà lěng.

Duō chuān diǎnr yīfu,
bú jiù xíng le ma?

Wǒ jiù hěn xǐhuan dōngtiān,
zài wūli kànzhe wàimiàn xià xuě,
xīnlǐ hěn píngjìng.

Méi xiǎngdào nǐ zhème làngmàn.

## 3단계: 한자

今天风好大, 冬天终于来了。

是啊, 我最讨厌冬天了。

因为我很怕冷。

多穿点儿衣服, 不就行了吗?

我就很喜欢冬天, 在屋里看着外面下雪, 心里很平静。

没想到你这么浪漫。

## 단어

**终于** zhōngyú
결국, 마침내

**讨厌** tǎoyàn
싫어하다, 미워하다

**因为** yīnwèi
왜냐하면

**怕冷** pà lěng
추위를 타다

**屋里** wūli
방 안, 실내

**平静** píngjìng
평온하다, 차분하다

### 🔊 우리말을 보고 중국어로 말해 봅시다.

1. 저는 비가 올 줄 알았어요!

2. 감기 조심하세요.

3. 겨울에는 기온이 몇 도인가요?

4. 저는 겨울이 제일 싫어요.

### 🔊 병음과 한자를 보고 우리말로 말해 봅시다.

1. Wǒ yǐwéi huì xià yǔ ne! 我以为会下雨呢!

2. Xiǎoxīn zháoliáng. 小心着凉。

3. Dōngtiān qìwēn duōshao dù? 冬天气温多少度?

4. Wǒ zuì tǎoyàn dōngtiān le. 我最讨厌冬天了。

# DAY 15

### 핸드폰을 좀 빌려 쓸 수 있을까요?

일상생활과 관련된 다양한 표현을 배웁니다.

# 有什么特别的理由吗?
### 특별한 이유가 있나요?

## 1단계: 해석

어느 계절을 좋아하세요?

저는 봄을 좋아합니다.

특별한 이유가 있나요?

그냥 날이 따뜻해서요,
제가 추위를 타거든요. 당신은요?

저는 가을을 좋아해요,
춥지도 덥지도 않아서요.

가을이네요,
당신이 가장 좋아하는 계절이죠.

## 2단계: 병음

Nǐ xǐhuan nǎge jìjié?

Wǒ xǐhuan chūntiān.

Yǒu shénme tèbié de lǐyóu ma?

Yě méiyǒu la, yīnwèi tiānqì nuǎnhuo ma, wǒ pà lěng. Nǐ ne?

Wǒ xǐhuan qiūtiān, bù lěng yě bú rè.

Qiūtiān le, shì nǐ zuì xǐhuan de jìjié.

## 3단계: 한자

你喜欢哪个季节?

我喜欢春天。

有什么特别的理由吗?

也没有啦, 因为天气暖和嘛, 我怕冷。你呢?

我喜欢秋天, 不冷也不热。

秋天了, 是你最喜欢的季节。

## 단어

**季节** jìjié
계절

**特别** tèbié
특별하다

**理由** lǐyóu
이유

**暖和** nuǎnhuo
따뜻하다

**秋天** qiūtiān
가을

**热** rè
덥다

# 除了那个还有什么?
## 그거 말고 또 뭐가 있죠?

| 1단계: 해석 | 2단계: 병음 |
|---|---|
| 매년 설에 선물하시나요? | Měinián Chūnjié nǐ sònglǐ ma? |
| 그럼 당연하죠. 그래서 매년 골치 아파요. | Nà dāngrán le, suǒyǐ měinián dōu tóuténg. |
| 어떤 선물을 하는 게 좋아요? | Sòng shénme lǐwù hǎo ne? |
| 그냥 슈퍼마켓에 가서 선물 세트를 사세요. | Háishi qù chāoshì mǎi lǐpǐn tàozhuāng ba. |
| 그거 말고 또 뭐가 있죠? | Chúle nàge hái yǒu shénme? |
| 갑자기 생각이 나지 않네요, 슈퍼마켓에 가 보세요. | Yìshí xiǎng bu qǐlái, nǐ qù chāoshì kànkan ba. |

## 3단계: 한자

每年春节你送礼吗?

那当然了, 所以每年都头疼。

送什么礼物好呢?

还是去超市买礼品套装吧。

除了那个还有什么?

一时想不起来,
你去超市看看吧。

## 단어

**春节** Chūnjié
설날

**送礼** sònglǐ
선물하다

**所以** suǒyǐ
그래서

**头疼** tóuténg
머리가 아프다

**礼品套装** lǐpǐn tàozhuāng
선물 세트

**除了** chúle
~을 제외하고

# 我能不能借你的手机用一下?
### 핸드폰을 좀 빌려 쓸 수 있을까요?

**1단계: 해석**

핸드폰을 좀 빌려 쓸 수 있을까요?

네, 핸드폰 안 가지고 왔어요?

아니요, 핸드폰 배터리가 없어요.

평소 핸드폰 사용 시간이 엄청 길지 않아요?

인정해요, 확실히 오래 사용하기는 하죠.

여기요, 우선 제 핸드폰을 쓰세요.

**2단계: 병음**

Wǒ néng bu néng jiè nǐ de shǒujī yòng yíxià?

Kěyǐ, nǐ méi dài shǒujī ma?

Bú shì, wǒ de shǒujī méi diàn le.

Nǐ píngcháng shǐyòng shǒujī de shíjiān shì bu shì hěn cháng?

Wǒ chéngrèn, quèshí shì tǐng cháng de.

Gěi, xiān ná wǒ de shǒujī yòng ba.

## 3단계: 한자

我能不能借你的手机用一下？

可以，你没带手机吗？

不是，我的手机没电了。

你平常使用手机的
时间是不是很长？

我承认，确实是挺长的。

给，先拿我的手机用吧。

## 단어

**借** jiè
빌리다

**用** yòng
사용하다

**没电** méi diàn
배터리가 없다

**平常** píngcháng
평소

**承认** chéngrèn
인정하다

**确实** quèshí
확실히, 틀림없이

# 怎么一直打不通?
어떻게 계속 통화가 안 되지?

### 1단계: 해석

지금 거신 전화는 잠시 연결할 수 없습니다. 잠시 후 다시 걸어 주십시오.

이상하네. 어떻게 계속 통화가 안 되지?

통화 중인가요?

아니요. 전화에 문제가 있는 게 아니면 그가 받지 않는 거겠죠.

안 받을 리가 없어요.

안 되겠어요. 제가 그의 회사로 찾아가야겠어요.

### 2단계: 병음

Nín bōdǎ de yònghù zànshí wúfǎ jiētōng, qǐng shāo hòu zài bō.

Qíguài, zěnme yìzhí dǎ bu tōng?

Diànhuà zhànxiàn ma?

Bú shì, bú shì diànhuà yǒu wèntí, jiù shì tā bù jiē.

Tā bù kěnéng bù jiē.

Bùxíng, wǒ qù tā de gōngsī zhǎo tā.

## 3단계: 한자

您拨打的用户暂时无法接通，请稍候再拨。

奇怪，怎么一直打不通？

电话占线吗？

不是，不是电话有问题，就是他不接。

他不可能不接。

不行，我去他的公司找他。

## 단어

**拨打** bōdǎ
전화를 걸다

**用户** yònghù
사용자

**暂时** zànshí
잠시

**无法** wúfǎ
방법이 없다

**接通** jiētōng
연결되다, 통하다

**奇怪** qíguài
이상하다

**打通** dǎtōng
연결되다 `전화가`

**占线** zhànxiàn
통화 중이다

### 우리말을 보고 중국어로 말해 봅시다.

1. 특별한 이유가 있나요?

2. 그거 말고 또 뭐가 있죠?

3. 핸드폰을 좀 빌려 쓸 수 있을까요?

4. 어떻게 계속 통화가 안 되지?

### 병음과 한자를 보고 우리말로 말해 봅시다.

1. Yǒu shénme tèbié de lǐyóu ma? 有什么特别的理由吗?

2. Chúle nàge hái yǒu shénme? 除了那个还有什么?

3. Wǒ néng bu néng jiè nǐ de shǒujī yòng yíxià? 我能不能借你的手机用一下?

4. Zěnme yìzhí dǎ bu tōng? 怎么一直打不通?

# DAY 16

## 셋방을 얻으려고 하는데요

**학습목표**

주거 공간과 관련된 다양한 표현을 배웁니다.

# 一个月的房租是多少?
### 집세가 한 달에 얼마예요?

---

**1단계: 해석**

셋방을 얻으려고 하는데요.

어떤 조건을 원하시나요?

회사에서 좀 가까운 곳으로요.

딱 맞는 곳이 있어요.
방 하나 거실 하나고요.

집세가 한 달에 얼마예요?

매달 3천 위안이요.

---

**2단계: 병음**

Wǒ yào zū yí tào fángzi.

Yào shénme tiáojiàn de?

Lí gōngsī jìn yìdiǎnr de.

Yǒu yí ge tǐng héshì de, yí shì yì tīng.

Yí ge yuè de fángzū shì duōshao?

Měi yuè sānqiān.

## 3단계: 한자

我要租一套房子。

要什么条件的?

离公司近一点儿的。

有一个挺合适的, 一室一厅。

一个月的房租是多少?

每月三千。

## 단어

**租** zū
세내다, 임차하다

**套** tào
채  집·방을 세는 양사

**条件** tiáojiàn
조건

**挺** tǐng
매우

**一室一厅** yí shì yì tīng
방 하나 거실 하나

**房租** fángzū
임대료, 집세

# 周围环境也很不错
### 주변 환경도 괜찮아요

**1단계: 해석**

너희 아파트 단지 예쁘다.

주변 환경도 괜찮아요.

모두 몇 세대가 사는데?

총 500여 세대가 살고 있어요.

많지도 적지도 않고 딱 좋네.

여기로 이사 오셔서, 우리 이웃해요.

**2단계: 병음**

Nǐmen xiǎoqū hěn piàoliang a.

Zhōuwéi huánjìng yě hěn búcuò.

Yígòng zhùzhe duōshao hù?

Yígòng zhùzhe wǔbǎi duō hù.

Bù duō bù shǎo, zhèng héshì a.

Bāndào zhèr lái,
zánmen zuò línjū ba.

## 3단계: 한자

你们小区很漂亮啊。

周围环境也很不错。

一共住着多少户?

一共住着五百多户。

不多不少, 正合适啊。

搬到这儿来, 咱们做邻居吧。

## 단어

**小区** xiǎoqū
단지, 동네

**环境** huánjìng
환경

**户** hù
가구, 세대

**合适** héshì
적당하다, 알맞다

**搬** bān
옮기다, 이사하다

**邻居** línjū
이웃집, 이웃 사람

# 下星期就搬家了
### 다음 주면 이사를 가요

## 1단계: 해석

지금 뭐하고 계세요?

---

다음 주면 이사를 가서요, 짐을 좀 정리하고 있어요.

---

뭘 정리해요? 이삿짐 센터에 전화만 하면 되는 거 아니에요?

---

일부 물건은 그래도 제가 정리해야죠.

---

맞다, 집은 사셨어요?

---

네, 아주 작은 아파트를 하나 샀어요.

## 2단계: 병음

Nǐ xiànzài gàn shénme ne?

---

Xià xīngqī jiù bānjiā le, shōushi yíxià xíngli.

---

Shōushi shénme? Zhǐyào dǎ diànhuà gěi bānjiā gōngsī bú jiù xíng le?

---

Yìxiē dōngxi háishi děi wǒ lái shōushi.

---

Duìle, nǐ mǎi fángzi le?

---

Shì a, mǎile yí ge xiǎoxiǎo de gōngyù.

MP3를 들으며 3번 반복하세요. 🎧 5-16-3.mp3

1회 ○  2회 ○  3회 ○

## 3단계: 한자

你现在干什么呢?

下星期就搬家了,
收拾一下行李。

收拾什么? 只要打电话给搬家
公司不就行了?

一些东西还是得我来收拾。

对了, 你买房子了?

是啊, 买了一个小小的公寓。

## 단어

**收拾** shōushi
정리하다

**行李** xíngli
짐

**只要** zhǐyào
~하기만 하면

**搬家公司**
bānjiā gōngsī
이삿짐 센터

**对了** duìle
맞다!, 아참!
갑자기 무언가가 생각났을 때

**公寓** gōngyù
아파트

# 结婚一定要买房子吗?
결혼하는 데 꼭 집이 있어야 해요?

## 1단계: 해석

저 아파트를 한 채 샀어요.

돈 생겼어요?
그 많은 돈이 어디서 났어요?

제가 돈이 어디 있어요, 대출이죠.

결혼하는 데 꼭 집이 있어야 해요?

꼭 그렇진 않은데,
요새 셋집을 구하기가
너무 어려워서 그냥 한 채 샀어요.

새집 인테리어는 끝났어요?

## 2단계: 병음

Wǒ mǎile yí tào gōngyù.

Fācái le? Nǎr lái nàme duō qián a?

Wǒ nǎr yǒu qián a, dàikuǎn bei.

Jiéhūn yídìng yào mǎi fángzi ma?

Yě bù yídìng, zuìjìn zū fángzi tài nán, jiù mǎile yí tào.

Xīn jiā zhuāngxiūhǎo le ma?

## 3단계: 한자

我买了一套公寓。

发财了? 哪儿来那么多钱啊?

我哪儿有钱啊, 贷款呗。

结婚一定要买房子吗?

也不一定, 最近租房子太难, 就买了一套。

新家装修好了吗?

## 단어

**发财** fācái
돈을 벌다

**贷款** dàikuǎn
대출하다

**呗** bei
~뿐이다, ~할 따름이다
*이유가 명확하고 알기 쉬워 많은 말이 필요 없음을 나타냄*

**房子** fángzi
집

**难** nán
어렵다

**装修** zhuāngxiū
장식하고 꾸미다, 인테리어하다

### 🗣 우리말을 보고 중국어로 말해 봅시다.

1. 집세가 한 달에 얼마예요?

2. 주변 환경도 괜찮아요.

3. 다음 주면 이사를 가요.

4. 결혼하는 데 꼭 집이 있어야 해요?

### 🗣 병음과 한자를 보고 우리말로 말해 봅시다.

1. Yí ge yuè de fángzū shì duōshao? 一个月的房租是多少?

2. Zhōuwéi huánjìng yě hěn búcuò. 周围环境也很不错。

3. Xià xīngqī jiù bānjiā le. 下星期就搬家了。

4. Jiéhūn yídìng yào mǎi fángzi ma? 结婚一定要买房子吗?

# DAY 17

## 집 안이 왜 이렇게 어수선해요?

일상생활과 관련된 다양한 표현을 배웁니다.

# 空调坏了, 开电风扇吧
### 에어컨이 고장 났는데, 선풍기를 틀죠

## 1단계: 해석

왜 그렇게 땀을 많이 흘려요?

밖에 더워 죽겠어요.

에어컨을 좀 켜세요.

에어컨이 고장 났는데,
선풍기를 틀죠.

또 고장이에요?
시원한 물 한 잔 주세요.

냉장고에 음료수 있어요,
직접 꺼내 마셔요.

## 2단계: 병음

Nǐ zěnme chū nàme duō hàn?

Wàibian rè de yàomìng.

Kāi yíxià kōngtiáo ba.

Kōngtiáo huài le,
kāi diànfēngshàn ba.

Yòu huài le?
Gěi wǒ yì bēi liáng shuǐ ba.

Bīngxiāng li yǒu yǐnliào,
nǐ zìjǐ ná yíxià.

## 3단계: 한자

你怎么出那么多汗？

外边热得要命。

开一下空调吧。

空调坏了，开电风扇吧。

又坏了？给我一杯凉水吧。

冰箱里有饮料，你自己拿一下。

## 단어

**出汗** chū hàn
땀이 나다

**要命** yàomìng
죽을 지경이다
불평의 의미를 내포함

**空调** kōngtiáo
에어컨

**坏** huài
고장나다

**电风扇** diànfēngshàn
선풍기

**凉水** liáng shuǐ
찬물

# 家里怎么这么乱?
집 안이 왜 이렇게 어수선해요?

### 1단계: 해석

저 겨우 하루 집 비운 건데,
집 안이 왜 이렇게 어수선해요?

내일 돌아온다고 하지 않았어요?

일이 모두 해결되어서 미리
돌아왔어요.

쉬세요, 제가 청소할게요.

바로 옷 갈아입을게요,
우리 같이해요.

아니에요.

### 2단계: 병음

Wǒ yì tiān bú zài jiā,
jiāli zěnme zhème luàn?

Nǐ bú shì shuō míngtiān huílái
de ma?

Shìqing dōu jiějué le, jiù tíqián
huílái le.

Nǐ xiūxi ba, wǒ dǎsǎodǎsǎo.

Wǒ zhè jiù qù huàn yīfu,
wǒmen yìqǐ lái.

Bú yòng.

## 3단계: 한자

我一天不在家,
家里怎么这么乱?

---

你不是说明天回来的吗?

---

事情都解决了, 就提前回来了。

---

你休息吧, 我打扫打扫。

---

我这就去换衣服,
我们一起来。

---

不用。

## 단어

**怎么这么** zěnme zhème
어떻게 이렇게

**乱** luàn
어지럽다

**解决** jiějué
해결하다

**提前** tíqián
앞당기다

**打扫** dǎsǎo
청소하다

**换** huàn
바꾸다

# 面试结果出来了吗?
### 면접 결과는 나왔어요?

---

**1단계: 해석**

며칠 전에 갔던 면접 결과는 나왔어요?

---

나왔는데, 안 됐어요.

---

실망하지 말아요. 분명 당신을 필요로 하는 회사가 있을 거예요.

---

걱정 마세요, 실망하지 않을 거예요.

---

맞아요, 젊으니까 더 좋은 기회가 있을 거예요.

---

격려해 주셔서 고맙습니다.

---

**2단계: 병음**

Qián liǎng tiān nǐ qù miànshì, jiéguǒ chūlái le ma?

---

Chūlái le, méi chéng.

---

Nǐ búyào shīwàng, zǒng yǒu ge gōngsī huì zhǎo nǐ de.

---

Nín fàngxīn, wǒ bú huì shīwàng de.

---

Duì, nǐ niánqīng, hái yǒu gèng hǎo de jīhuì.

---

Xièxie nín gǔlì wǒ.

## 3단계: 한자

前两天你去面试,
结果出来了吗?

出来了, 没成。

你不要失望,
总有个公司会找你的。

您放心, 我不会失望的。

对, 你年轻, 还有更好的机会。

谢谢您鼓励我。

## 단어

**面试** miànshì
면접

**结果** jiéguǒ
결과

**失望** shīwàng
실망하다

**放心** fàngxīn
안심하다

**年轻** niánqīng
젊다

**鼓励** gǔlì
격려하다

# 太麻烦了, 我们出去吃吧
### 귀찮아요, 우리 나가서 먹어요

## 1단계: 해석

오늘 저녁은 당신이 하는 거죠?

귀찮아요, 우리 나가서 먹어요.

밖에서 먹는 게 좋아요?

나쁠 게 뭐가 있나요?

뭘 먹는 게 좋을까요?

오늘 날이 추우니까,
우리 샤브샤브 먹으러 가요.

## 2단계: 병음

Jīnwǎn shì bu shì nǐ lái zuò fàn?

Tài máfan le, wǒmen chūqù chī ba.

Wàibian chī hǎo ma?

Yǒu shénme bù hǎo de?

Chī shénme hǎo ne?

Jīntiān tiān lěng,
wǒmen qù chī huǒguō ba.

MP3를 들으며 3번 반복하세요. 5-17-4.mp3

1회 ◯   2회 ◯   3회 ◯

## 3단계: 한자

今晚是不是你来做饭?

太麻烦了, 我们出去吃吧。

外边吃好吗?

有什么不好的?

吃什么好呢?

今天天冷, 我们去吃火锅吧。

## 단어

**做饭** zuò fàn
밥을 하다

**麻烦** máfan
귀찮다, 번거롭다

**外边** wàibian
밖, 바깥

**天** tiān
날, 날씨

**冷** lěng
춥다

**火锅** huǒguō
샤브샤브

🔊 우리말을 보고 중국어로 말해 봅시다.

1. 에어컨이 고장 났는데, 선풍기를 틀죠.

2. 집 안이 왜 이렇게 어수선해요?

3. 면접 결과는 나왔어요?

4. 귀찮아요. 우리 나가서 먹어요.


🔊 병음과 한자를 보고 우리말로 말해 봅시다.

1. Kōngtiáo huài le, kāi diànfēngshàn ba. 空调坏了, 开电风扇吧。

2. Jiāli zěnme zhème luàn? 家里怎么这么乱?

3. Miànshì jiéguǒ chūlái le ma? 面试结果出来了吗?

4. Tài máfan le, wǒmen chūqù chī ba. 太麻烦了, 我们出去吃吧。

# DAY 18

## 무슨 바람이 불어서 오셨나요?

**학습목표**
일상생활과 관련된 다양한 표현을 배웁니다.

# 那今天喝热咖啡吧
### 그럼 오늘은 따뜻한 커피를 마시죠

## 1단계: 해석

뭐 마실래요?

저는 커피 마실래요.

따뜻한 걸로 마실래요 아니면 차가운 걸로 마실래요?

이렇게 더운 날에 뜨거운 걸 마실 수 있나요? 저는 차가운 걸로 할래요.

여름에 계속 차가운 음료만 마시면 몸에 안 좋아요.

그럼 오늘은 따뜻한 커피를 마실게요.

## 2단계: 병음

Nǐ yào hē shénme?

Wǒ yào hē kāfēi.

Yào rè de háishi liáng de?

Zhème rè de tiānqì néng hē rè de ma? Wǒ yào bīngzhèn de.

Xiàtiān zǒng hē liáng de yǐnliào duì shēntǐ bù hǎo.

Nà jīntiān hē rè kāfēi ba.

MP3를 들으며 3번 반복하세요. 5-18-1.mp3
1회  2회  3회

## 3단계: 한자

你要喝什么?

我要喝咖啡。

要热的还是凉的?

这么热的天气能喝热的吗?
我要冰镇的。

夏天总喝凉的饮料对身体不好。

那今天喝热咖啡吧。

## 단어

**热** rè
뜨겁다

**凉** liáng
차갑다

**冰镇** bīngzhèn
차게 하다

**夏天** xiàtiān
여름

**总** zǒng
늘, 언제나

**对…不好** duì…bù hǎo
~에 좋지 않다

# 那我也直说吧
### 그럼 저도 솔직히 말할게요

| 1단계: 해석 | 2단계: 병음 |
|---|---|
| 오랜만에 만나네요. | Hěn jiǔ méi jiàn nǐ le. |
| 오랜만이네요, 무슨 바람이 불어서 오셨나요? | Hǎojiǔ bú jiàn, shénme fēng bǎ nǐ chuīlái le? |
| 그럼 바로 솔직히 말할게요. | Nà wǒ zhíshuō ba. |
| 저한테 돈 빌리러 온 거 아니에요? | Shì bu shì yào gēn wǒ jiè qián a? |
| 어떻게 알았죠? | Nǐ zěnme zhīdào? |
| 그럼 저도 솔직히 말할게요, 미안하지만 저는 돈 없어요. | Nà wǒ yě zhíshuō ba, duìbuqǐ, wǒ méi qián. |

## 3단계: 한자

很久没见你了。

好久不见,
什么风把你吹来了?

那我直说吧。

是不是要跟我借钱啊?

你怎么知道?

那我也直说吧, 对不起,
我没钱。

## 단어

**久** jiǔ
오래다

**风** fēng
바람

**吹** chuī
불다

**直说** zhíshuō
솔직히 말하다

**借** jiè
빌리다

**钱** qián
돈

# 帮我买个面包吧
### 빵 좀 사다 주세요

---

**1단계: 해석**

아침에 아침밥을 먹었는데, 지금 배고파요.

아직 11시도 되지 않았는데, 벌써 배고파요?

나가서 뭘 좀 사올게요.

나가실 거면 간 김에 뭐 좀 사다 주실 수 있나요?

물론이죠. 말씀하세요.

제가 아침을 안 먹어서요, 빵 좀 사다 주세요.

---

**2단계: 병음**

Zǎoshang chīle zǎofàn,
dàn xiànzài è le.

Xiànzài hái bú dào shíyī diǎn ne,
zhème kuài jiù è le?

Wǒ chūqù mǎi diǎnr dōngxi.

Nǐ yào chūqù dehuà, néng bu néng shùnbiàn bāng wǒ mǎi diǎn dōngxi?

Méi wèntí, nǐ shuō.

Wǒ méi chī zǎofàn,
bāng wǒ mǎi ge miànbāo ba.

## 3단계: 한자

早上吃了早饭，但现在饿了。

现在还不到十一点呢，
这么快就饿了？

我出去买点儿东西。

你要出去的话，
能不能顺便帮我买点东西？

没问题，你说。

我没吃早饭，
帮我买个面包吧。

## 단어

**饿** è
배고프다

**快** kuài
빠르다

**东西** dōngxi
물건, 것

**顺便** shùnbiàn
~하는 김에, 겸사겸사

**早饭** zǎofàn
아침밥

**面包** miànbāo
빵

# 你怎么了, 脸色不好

왜 그래요, 안색이 안 좋아요

| 1단계: 해석 | 2단계: 병음 |
|---|---|
| 왜 그래요, 안색이 안 좋아요. | Nǐ zěnme le, liǎnsè bù hǎo. |
| 또 감기에 걸리려나 봐요. | Gūjì yòu yào gǎnmào le. |
| 요새처럼 날씨가 추웠다 더웠다 할 때는 쉽게 감기에 걸려요. | Zuìjìn zhèyàng hū lěng hū rè de tiānqì hěn róngyì gǎnmào. |
| 재채기에 콧물도 나요, 짜증나 죽겠어요. | Yòu dǎ pēntì, yòu liú bítì de, fán sǐ le. |
| 열나지 않아요? | Bù fāshāo ma? |
| 그렇게 심각하지는 않아요. | Méi nàme yánzhòng. |

## 3단계: 한자

你怎么了, 脸色不好。

估计又要感冒了。

最近这样忽冷忽热的天气很容易感冒。

又打喷嚏, 又流鼻涕的, 烦死了。

不发烧吗?

没那么严重。

## 단어

**估计** gūjì
추측하다, 예측하다

**忽冷忽热** hū lěng hū rè
추웠다 더웠다 하다, 변화가 심하다

**容易** róngyì
쉽다

**打喷嚏** dǎ pēntì
재채기를 하다

**流鼻涕** liú bítì
콧물이 나다

**发烧** fāshāo
열이 나다

### 🔊 우리말을 보고 중국어로 말해 봅시다.

1. 그럼 오늘은 따뜻한 커피를 마시죠.

2. 그럼 저도 솔직히 말할게요.

3. 빵 좀 사다 주세요.

4. 왜 그래요, 안색이 안 좋아요.

### 🔊 병음과 한자를 보고 우리말로 말해 봅시다.

1. Nà jīntiān hē rè kāfēi ba. 那今天喝热咖啡吧。

2. Nà wǒ yě zhíshuō ba. 那我也直说吧。

3. Bāng wǒ mǎi ge miànbāo ba. 帮我买个面包吧。

4. Nǐ zěnme le, liǎnsè bù hǎo. 你怎么了, 脸色不好。

# DAY 19

## 매표소는 어디에 있나요?

학습목표
길을 물어볼 때 사용하는 다양한 표현을 배웁니다.

# 麻烦你, 打听一下
### 실례합니다, 말씀 좀 묻겠습니다

### 1단계: 해석

실례합니다, 말씀 좀 묻겠습니다.
매표소는 어디에 있나요?

매표소는 저쪽에 있어요.

어떻게 가요?

쭉 가세요.

여기서 얼마나 멀어요?

멀지 않아요, 바로 앞에 있어요.

### 2단계: 병음

Máfan nǐ, dǎting yíxià.
Shòupiàochù zài nǎr?

Shòupiàochù zài nàbiān.

Zěnme zǒu?

Yìzhí zǒu.

Lí zhèr yǒu duō yuǎn?

Bù yuǎn, jiù zài qiánmiàn.

MP3를 들으며 3번 반복하세요. 5-19-1.mp3

1회 ○  2회 ○  3회 ○

### 3단계: 한자

麻烦你, 打听一下。
售票处在哪儿?

---

售票处在那边。

---

怎么走?

---

一直走。

---

离这儿有多远?

---

不远, 就在前面。

### 단어

**打听** dǎting
물어보다, 알아보다

**售票处** shòupiàochù
매표소

**那边** nàbiān
저쪽

**一直** yìzhí
계속, 곧장

**多远** duō yuǎn
얼마나 멀어요

**前面** qiánmiàn
앞

# 请问肯德基怎么走?
### KFC는 어떻게 가야 하나요?

**1단계: 해석**

말씀 좀 묻겠습니다.
KFC는 어떻게 가야 하나요?

쭉 가다가 사거리에서
좌회전하세요.

곧장 가다가 좌회전이요.
시간 있으세요?

시간은 좀 있는데, 무슨 일이죠?

길을 안내해 주실 수 있나요?

그게……좋아요!

**2단계: 병음**

Qǐngwèn Kěndéjī zěnme zǒu?

Yìzhí zǒu, dào shízìlùkǒu wǎng zuǒ guǎi.

Zhí zǒu, wǎng zuǒ guǎi.
Nǐ yǒu méiyǒu shíjiān?

Yǒudiǎnr shíjiān, zěnme le?

Nǐ néng bu néng dàilù?

Zhège……Hǎo ba!

MP3를 들으며 3번 반복하세요. 5-19-2.mp3

1회 ○  2회 ○  3회 ○

## 3단계: 한자

请问肯德基怎么走?

一直走, 到十字路口往左拐。

直走, 往左拐。你有没有时间?

有点儿时间, 怎么了?

你能不能带路?

这个……好吧!

## 단어

**请问** qǐngwèn
말씀 좀 묻겠습니다

**一直** yìzhí
곧장, 곧바로

**十字路口** shízìlùkǒu
사거리

**往左拐** wǎng zuǒ guǎi
좌회전하다

**直走** zhí zǒu
직진하다

**带路** dàilù
길을 안내하다

# 哈哈哈, 真是个好青年
### 하하하, 정말 착한 청년이구나

---

**1단계: 해석**

이 금도끼가 네 것이냐?

아닙니다.

저 은도끼는?

역시 아닙니다.
제 도끼는 평범한 쇠도끼입니다.

하하하, 정말 착한 청년이구나.

이 금도끼, 은도끼 그리고
네 쇠도끼를 모두 네게 주겠다.

---

**2단계: 병음**

Zhè bǎ jīn fǔzi shì nǐ de ma?

Bú shì.

Nà zhè bǎ yín fǔzi ne?

Yě bú shì, wǒ de fǔzi jiù shì
pǔtōng tiě fǔzi.

Hāhāhā, zhēnshi ge hǎo qīngnián.

Zhè bǎ jīn fǔzi、zhè bǎ yín fǔzi,
hái yǒu nǐ de tiě fǔzi dōu gěi nǐ.

## 3단계: 한자

这把金斧子是你的吗?

不是。

那这把银斧子呢?

也不是,
我的斧子就是普通铁斧子。

哈哈哈, 真是个好青年。

这把金斧子、这把银斧子,
还有你的铁斧子都给你。

## 단어

**把** bǎ
자루
<sub>손잡이, 자루가 있는 기구를 세는 양사</sub>

**金斧子** jīn fǔzi
금도끼

**银斧子** yín fǔzi
은도끼

**普通** pǔtōng
보통이다, 평범하다

**铁斧子** tiě fǔzi
쇠도끼

**青年** qīngnián
청년, 젊은이

# 你这个混账东西!
### 이런 뻔뻔한 놈!

---

**1단계: 해석**

이 금도끼가 네 것이냐?

네, 제 것입니다.

이 은도끼도 네 것이냐?

맞습니다 맞아요,
그것도 제 것입니다.

이런 뻔뻔한 놈!

감히 다른 사람의 도끼를 탐하다니!

**2단계: 병음**

Zhè bǎ jīn fǔzi shì nǐ de ma?

Duì, shì wǒ de.

Zhè bǎ yín fǔzi yě shì nǐ de ma?

Duì duì duì, nà bǎ yě shì wǒ de.

Nǐ zhège hùnzhàng dōngxi!

Hái xiǎng yào biérén de fǔzi!

## 3단계: 한자

这把金斧子是你的吗?

对, 是我的。

这把银斧子也是你的吗?

对对对, 那把也是我的。

你这个混账东西!

还想要别人的斧子!

## 단어

**对** duì
맞다

**混账** hùnzhàng
염치없다, 뻔뻔하다

**东西** dōngxi
놈, 자식
주로 동물이나 사람을 싫어하는 감정을 담아 부를 때 쓰임

**还** hái
또

**想要** xiǎng yào
원하다, 탐나다

**别人** biérén
다른 사람, 남

## 복습하기

🔊 **우리말을 보고 중국어로 말해 봅시다.**

1. 실례합니다, 말씀 좀 묻겠습니다.

2. KFC는 어떻게 가야 하나요?

3. 하하하, 정말 착한 청년이구나.

4. 이런 뻔뻔한 놈!

🔊 **병음과 한자를 보고 우리말로 말해 봅시다.**

1. Máfan nǐ, dǎting yíxià. 麻烦你, 打听一下。

2. Qǐngwèn Kěndéjī zěnme zǒu? 请问肯德基怎么走?

3. Hāhāhā, zhēnshi ge hǎo qīngnián. 哈哈哈, 真是个好青年。

4. Nǐ zhège hùnzhàng dōngxi! 你这个混账东西!

# DAY 20

## 개과천선했죠

   학 습 목 표

중국의 다양한 속담을 배웁니다.

# 至少得学个十年以上
## 최소한 10년 이상은 배워야죠

**1단계: 해석**

샤오장은 2년 동안 요리를 배웠어요.

하지만 그의 솜씨는 아직 부족해요.

겨우 2년 가지고?

요리사가 되려면
최소한 10년 이상 배워야죠.

하긴 그래요,
10년도 충분하다고는 할 수 없죠.

그러니까요!

**2단계: 병음**

Xiǎo Zhāng xuéle liǎng nián pēngrèn.

Búguò tā de shǒuyì hái bú dàojiā.

Liǎng nián suàn shénme?

Yào chéngwéi yì míng chúshī, zhìshǎo děi xué ge shí nián yǐshàng.

Yě shì, shí nián yě bù yídìng gòu.

Jiù shì a!

## 3단계: 한자

小张学了两年烹饪。

不过他的手艺还不到家。

两年算什么?

要成为一名厨师,
至少得学个十年以上。

也是, 十年也不一定够。

就是啊!

## 단어

**烹饪** pēngrèn
요리하다

**手艺** shǒuyì
솜씨

**不到家** bú dàojiā
완전한 상태에 도달하지 못하다

**成为** chéngwéi
~이 되다

**厨师** chúshī
요리사

**至少** zhìshǎo
최소한, 적어도

**够** gòu
필요한 수량이나 기준 등을 만족시키다

# 现在已经改过自新了

지금은 이미 개과천선했어요

## 1단계: 해석 | 2단계: 병음

| 1단계: 해석 | 2단계: 병음 |
|---|---|
| 라오왕 어때요? | Lǎo Wáng tā rén zěnmeyàng? |
| 그건 왜 물어봐요? | Gànmá wèn zhège? |
| 그를 믿을 수가 없어서요. | Wǒ duì tā háishi bú fàngxīn. |
| 걱정 마세요. | Fàngxīn ba. |
| 사람을 색안경을 끼고 봐서는 안 돼요. | Nǐ bù néng dàizhe yǒusè yǎnjìng kàn rén. |
| 그가 전에 잘못을 한 적은 있지만 그래도 지금은 이미 개과천선했어요. | Tā yǐqián shì fànguo cuòwù, kě xiànzài yǐjīng gǎiguò-zìxīn le. |

## 3단계: 한자

老王他人怎么样？

干嘛问这个？

我对他还是不放心。

放心吧。

你不能戴着有色眼镜看人。

他以前是犯过错误，可现在已经改过自新了。

## 단어

**干嘛** gànmá
뭐해, 왜

**放心** fàngxīn
안심하다

**戴** dài
착용하다
머리, 얼굴, 목, 팔, 손 등에

**有色眼镜** yǒusè yǎnjìng
색안경, 선입견, 편견

**犯错误** fàn cuòwù
실수하다

**改过自新** gǎiguò-zìxīn
개과천선하다
지난날의 잘못이나 허물을 고쳐 올바르고 착하게 되다

# 他是个直性子的人
그는 솔직한 사람이에요

## 1단계: 해석

라오장은 어떤 사람이죠?

그걸 왜 묻죠?

그와 함께하고 싶은 프로젝트가 있어서요.

그래서 저는 그를 좀 알고 싶어요.

그는 솔직한 사람이에요.

하지만 따뜻한 마음씨를 가진 사람이기도 하죠.

## 2단계: 병음

Lǎo Zhāng shì ge shénmeyàng de rén?

Wèn zhège gànmá?

Wǒ yǒu yí ge xiàngmù, xiǎng gēn tā hézuò.

Suǒyǐ wǒ xiǎng liǎojiě yíxià tā.

Tā shì ge zhíxìngzi de rén.

Dàn yě shì yí ge rèxīncháng de rén.

## 3단계: 한자

老张是个什么样的人?

问这个干嘛?

我有一个项目, 想跟他合作。

所以我想了解一下他。

他是个直性子的人。

但也是一个热心肠的人。

## 단어

**什么样** shénmeyàng
어떤 모양

**项目** xiàngmù
프로젝트

**合作** hézuò
합작하다

**了解** liǎojiě
알아보다, 조사하다

**直性子** zhíxìngzi
솔직한 사람, 솔직한 성격의

**热心肠** rèxīncháng
따뜻한 마음씨

# 我不该这么说
그렇게 말하지 말았어야 했어요

**1단계: 해석**

유치원 선생님도 전문 지식이 있어야 해요?

당연하죠.

설마 그것을 하찮은 일로 여기고, 누구나 할 수 있다고 생각하시나요?

모르는 말씀 마세요.

죄송해요.

그렇게 말하지 말았어야 했어요.

**2단계: 병음**

Yòu'éryuán lǎoshī yě xūyào yǒu zhuānyè zhīshi?

Dāngrán le.

Nándào nǐ bǎ tā kànchéng xiǎo'érkē, rènwéi rén rén dōu kěyǐ zuò?

Zhè kě shì wàihánghuà.

Duìbuqǐ a.

Wǒ bù gāi zhème shuō.

### 3단계: 한자

幼儿园老师也需要有专业知识?

当然了。

难道你把它看成小儿科, 认为人人都可以做?

这可是外行话。

对不起啊。

我不该这么说。

### 단어

**幼儿园** yòu'éryuán
유치원

**专业知识** zhuānyè zhīshi
전문 지식

**难道** nándào
설마~란 말인가?, 설마 ~하겠는가?

**小儿科** xiǎo'érkē
소아과, 하찮은 일

**认为** rènwéi
~라고 여기다

**可** kě
강조를 나타냄

**外行话** wàihánghuà
문외한이 하는 말, 비전문가의 이야기

**该** gāi
~해야 한다

🗣️ 우리말을 보고 중국어로 말해 봅시다.

1. 최소한 10년 이상은 배워야죠.

2. 지금은 이미 개과천선했어요.

3. 그는 솔직한 사람이에요.

4. 그렇게 말하지 말았어야 했어요.

🗣️ 병음과 한자를 보고 우리말로 말해 봅시다.

1. Zhìshǎo děi xué ge shí nián yǐshàng. 至少得学个十年以上。

2. Xiànzài yǐjīng gǎiguò-zìxīn le. 现在已经改过自新了。

3. Tā shì ge zhíxìngzi de rén. 他是个直性子的人。

4. Wǒ bù gāi zhème shuō. 我不该这么说。